プロトレーナー木場克己の
体幹
パフォーマンスアップ
メソッド

KANZEN

2011年7月に初の書籍となる『体幹バランスメソッド』を出版しました。この書籍は、ダイエット目的やメタボ対策、アスリートのパフォーマンスアップなど、どんな方にもお使いいただけるように、トレーニングを紹介させていただきました。その結果、おかげさまで幅広い年齢層の皆さんに読んでいただき、現在も版を重ねています。

多くの方に、体幹トレーニングの効果や意味を感じていただき、大変嬉しく思います。

その体幹トレーニングに対して、特に積極的に取り組んでほしいのが、やはりスポーツ選手の皆さんです。

この4つの力を鍛えることで体は内面から覚醒し、驚くほどのパフォーマンスアップとなります。

本書は自分のカラダの弱点を把握するためのKOBA式運動能力チェックと、柔軟性・体幹力・バランス力・アジリティーを強化するための全63種類のメニューを収録しています。

1日数分、メニューは幾通りの組み合わせが可能。しかもすべて自宅で行えます！

体が変われば、パフォーマンスは劇的に変わります！

ぜひ、チャレンジしてみてください!!

はじめに

ここで一つ、質問があります。

皆さんは、自分自身の本当の力を最大限に引き出せていますか？

昨今、多くのスポーツ選手が意識している体幹ですが、
体幹を鍛えるだけで、必ずしもパフォーマンスアップにつながるわけではありません。

私はこれまで長友佑都選手をはじめ多くのトップアスリートの指導を行ってきました。そういったこれまでの経験から、どのようなスポーツ競技でも、4つの能力を最大限に高めることがパフォーマンスアップにつながるという方程式を導き出しました。

それが、柔軟性×体幹力×バランス力×アジリティーです。

DVDで鍛える　プロトレーナー 木場克己の
体幹パフォーマンスアップメソッド

CONTENTS

002	はじめに
004	KOBA式 4つの能力強化でパフォーマンスがアップする仕組み
014	ひと目でわかる　筋肉ナビ
016	動作別トレーニングポイントとメニュー組み立て例
023	トレーニングのポイントと進め方
026	本書の使い方
028	DVDの使い方

029	**Chapter1**	KOBA式　運動能力チェック
039	**Chapter2**	KOBA式　柔軟性を高めるストレッチ
063	**Chapter3**	KOBA式　体幹力を強化するトレーニング
099	**Chapter4**	KOBA式　バランス力を強化するトレーニング
143	**Chapter5**	KOBA式　アジリティーを強化するトレーニング
169	**Chapter6**	KOBA式　マッサージ

| 173 | おわりに |

column

| 142 | ドクター佐藤のMEDICAL　ADVICE |

これぞKOBA式！
4つの能力強化で

長友佑都選手をはじめ、これまで数多くのアスリートが取り組んできたKOBA式トレーニング。その肝となるのは「柔軟性」「体幹力」「バランス力」「アジリティー」という4つの能力の向上だ。これらの能力を高めることで、スポーツにおけるパフォーマンスは大きくアップする！

柔軟性

体が柔らかくなれば動きもスムーズに

体の基本となるのは、柔軟性だ。ストレッチを行うと関節の可動域が広がり、カラダの動きがスムーズになるだけでなく、血液の循環が促されることで各筋肉にパワーが伝わりやすくなる。トレーニング前のストレッチは欠かせない。またケガの予防にもつながる。

体幹力（りょく）

「蹴る」「投げる」「振る」といったスポーツの多くの動作において、まず動くのは体幹部の筋肉だ。そこを起点に手足が動く。すべての動きの出発点である体幹部を鍛えることはパフォーマンスアップへの近道なのだ。

動作の出発点である体幹部を鍛える

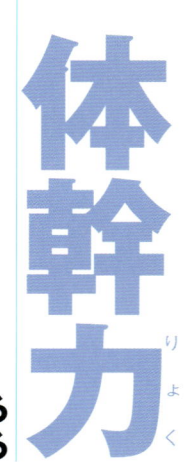

バランス力

軸足の強化から新たな筋肉を呼び覚ます

安定した姿勢を維持するバランス力はもちろんのこと、特にスポーツにおいては「跳ぶ」「走る」「投げる」「蹴る」など不安定な状態（姿勢）の中でもいかにバランスを維持できるかが重要となる。その不安定な体勢を維持する上で軸足の強化は必須。この軸足で支えるメニューを数多くこなすことで、それまで使われていなかった筋肉が使われるようになり、バランス力は大きく向上する。

アジリティー

アジリティーの優れた選手の共通点は、動き出しの一歩目が速いこと。これは体の軸がしっかりしているため、動き出す際に余計な動きが少ない。そのため、相手よりも先に次のプレーに移ることができるのだ。ブレない強い体の軸をつくることで、アジリティーは強化される。

強い軸＝動き出しのスピード

パフォーマンスがアップする仕組み

柔軟性の向上はパフォーマンスアップにこんな効果をもたらす！

2 関節の可動域を広げることでケガをしにくい体に

結果を残す選手が「いいアスリート」の条件です。その結果を残すための大前提は、ケガをしにくい体をつくること。すべては、そこから始まります。

ケガをしにくい選手の共通点は、**体に柔軟性があること**です。これは入念なストレッチを日々欠かさず行うことでしか得られません。ストレッチによって柔軟にし、関節の可動域を広げてあげることが、トップパフォーマンスを維持するためのケガをしにくい体をつくってくれるのです。

1 血流がよくなり「ポンプ作用」が活性化
筋肉に力が入りやすくなる

　ストレッチによって筋肉を伸ばし柔軟性を高めておくと、体内の血液循環がよくなり、トレーニング効果が大きく高まります。

　これは筋肉を縮めて、緩める際に血液を送り出す「ポンプ作用」が働くためです。筋肉を伸ばすことで血管が広がり、血液の循環が活性化。すると、筋肉を縮めたとき、その周囲の筋肉にも刺激が入り、筋肉全体に力が入りやすくなります。筋肉の柔軟性の向上は、より多くの筋肉を使えるという効果をもたらすのです。

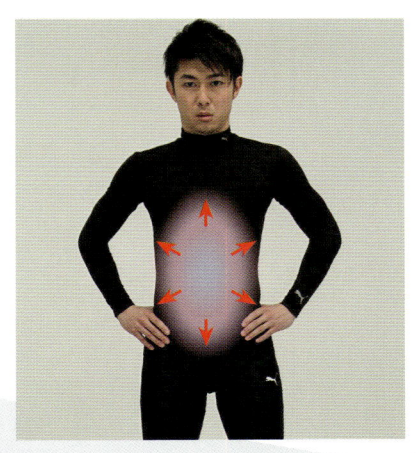

3 多くのスポーツ動作がスムーズに
一歩目の動き出しのスピードも向上

　筋肉の柔軟性を高め、関節の可動域が広がることで、多くのスポーツ動作がスムーズに行えるようになります。体幹部のわき腹の筋肉を例にあげると、上体をひねってストレッチすることによって、投球動作やスイング、さらにはキックやターンといった動きが滑らかになるのです。

　また、下半身の筋肉の柔軟性を高めておくことも重要です。特に内転筋や臀部の筋肉の柔軟性が高いと、あらゆるスポーツで必要な一歩目の動き出しのスピードを向上させることができます。

体幹力の向上は
パフォーマンスアップにこんな効果をもたらす！

2 | 骨盤の安定によって体の軸ができフォームのブレがなくなる

　体幹力の向上に重要なことは、脊柱起立筋などのインナーマッスルの強化です。ここを鍛えることで脊柱から骨盤が安定し、まっすぐな姿勢になることができます。その結果、体の軸に安定感がもたらされ、「走る」「蹴る」「投げる」「振る」などのフォームがブレなくなるのです。

　また、軸が安定するということは、相手に当たられても簡単に倒れない、ボディーバランスの優れた肉体になれるということ。ラグビーやサッカー、格闘技などコンタクトスポーツに体幹力の強化は欠かせません。

骨盤を傾けずに安定させることで、体の軸はしっかりする

1 体幹部はすべての動作の出発点 手足に最大の出力が伝わる

体幹とは、胸部・腹部・背部・腰部で構成された胴体のことを指します。つまり、頭部、腕、脚を除いた体の軸となる部分が体幹です。スポーツにおける多くの動きは、体幹部から始まっています。まず、体幹部の筋肉が動き、それに連動して手足が動いているのです。だからこそ、出発点となる体幹部を鍛え、「走る」「蹴る」「投げる」などの動きにおいて手足にパワーを伝えなければいけません。この体幹部からの力が手足に強く伝わってはじめて、パフォーマンスがアップするのです。

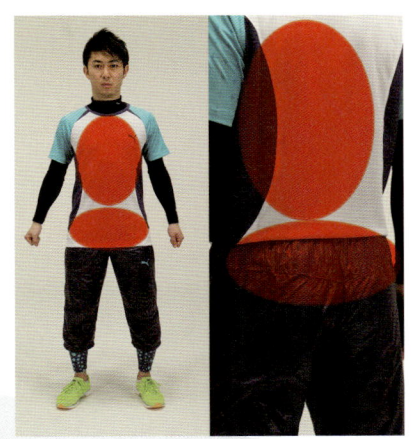

3 上半身と下半身の連動性が高まり瞬発力が大きく向上する

パフォーマンスアップにおいては、瞬発力を高めることも必須です。瞬発力が上がることで、脚力、ジャンプ力、キック力、パワーなどが向上し、ターンや一歩目の動き出しのスピードアップといったさまざまなスポーツ動作のレベルを引き上げてくれます。

ここで重要になってくるのが、上半身と下半身の連動性。特に体幹部の中でも、おなかの前部にある腹直筋や腸腰筋を使って脚を引き上げるメニューをこなすことで、連動性が高まり、瞬発力の向上につながります。

バランス力の向上は
パフォーマンスアップにこんな効果をもたらす！

2 使われていない筋肉が目を覚ます

バランス力アップのトレーニングの多くは、片脚でバランスをとるといった不安定な姿勢で行いますが、この不安定な体勢がバランス力の強化につながります。

バランスを保つためには、たくさんの筋肉を同時に使うことが重要です。表層部の大きな筋肉だけでなく、深部のインナーマッスルも同時に使うことで、バランスは保たれます。つまり、不安定な体勢のトレーニングが、それまで使われなかった筋肉を目覚めさせ、バランス力は大きく向上するのです。

あえて不安定な体勢をとり、バランス力を鍛えている

1 バランスのとれたまっすぐな姿勢が競技力の向上につながる

なぜ、バランス力を向上させることが必要なのか？ それは、「走る」「投げる」「蹴る」「振る」「止まる」などのスポーツ動作は、上体を腰周りの体幹部の筋肉で支えることで、スムーズに行えるからです。もし、この上体を支える力が弱いと体の軸がブレてしまい、まっすぐな姿勢を保つことができず、プレーのスピードやパワー、精度が落ちてしまいます。このように、軸が一本の棒になるような体づくりが、バランス力向上のカギ。「まっすぐな軸」を意識して、トレーニングに取り組みましょう。

3 軸足の強化が体の安定感を生み、プレーの精度、スピードが高まる

軸足はスポーツにおいて重要な役割を果たします。「走る」「投げる」「蹴る」などの動作は、軸足で上体を支える動きが入っています。この軸足の力が弱いと、バランスを欠き、コントロールミスや精度の低下につながります。だからこそ、軸足一本で上体を支えるトレーニングは、バランス力を強化するうえで欠かせません。

軸足が強化されれば、投球やキックの精度、スイングの安定感が増します。さらに反転や動き出しのスピードも向上し、あらゆる能力が高まるのです。

アジリティーの向上は
パフォーマンスアップにこんな効果をもたらす！

2 強くブレない軸をつくることで相手よりも先に動き出せる

軸のブレない体も、アジリティーの向上には欠かせません。軸がしっかりしているアスリートは、一歩目の太ももの引き上げが速く、他の選手よりも先に動き出すことができます。逆に軸の弱い選手は動き出しの瞬間に上体がブレて、プレーのスピードが落ちます。

このように、軸の強い体がアジリティー能力向上の重要なポイント。軸がブレないことを意識しながら、トレーニングに取り組みましょう。また、上半身のブレも少なくなり、余計な体力の消耗も防ぐことができます。

1 ステップワークや脚の運びが向上、急な方向転換やターンにも対応できる！

　サッカーやバスケットボールでは自分でドリブルを仕掛ける、逆に相手のドリブルに対応する、野球でいえば打球判断に伴う方向転換など、アジリティー能力を要求されるプレーが、スポーツにはたくさんあります。

　そのために必要なのは、**すばやく細かいステップを踏むトレーニングを積み、脳と運動神経の回路をつなぐコーディネーションの能力を高めること**。この能力が向上することで、ステップワークや細かい脚の運びがスムーズになり、急な方向転換やターンが可能になります。

3 下半身の一体化した動きが身につき、動き出しや方向転換をスムーズにする

　トレーニングの際、つま先とヒザを常に同じ方向に向けることも、アジリティーを高める重要な要素。**股関節、ヒザ、足首といった下半身の一体化した動きが、急な方向転換や動き出しをスムーズにしてくれるからです。**

　ケガの予防にも大きく関係します。つま先が先に入り、ヒザが残る状態だと、どうしても靭帯を痛めやすい。練習中からヒザとつま先を同時に動かすことを意識すれば、筋肉の反応もよくなり、ケガの予防、アジリティー能力の向上につながるのです。

ひと目でわかる！筋肉ナビ

全身・前

ふくちょくきん
腹直筋
おなかの中心にあり、重要な役割を果たす筋肉。上体を前に曲げる際に大きく動き、鍛えることで脚部との連動性が高まり、走力が増す。

ふくしゃきん
腹斜筋
わき腹にあり、肋骨と骨盤につながる筋肉。スイングやスローイング、キックやターンなど、体をひねったり、横に曲げたりする際に大きく作用する。

ないてんきん
内転筋
太ももの内側にある筋肉。柔軟性を高めれば、股関節の可動域が広がりスムーズに動かせるようになる。筋力をアップすることで、踏み込んだ際、ブレない強い軸足をつくることができる。

ぜんけいこつきん
前脛骨筋
スネにそうようについている、細長く伸びた筋肉。歩行の際、つま先を持ち上げる作用があるため、しっかりと鍛えることで走力の向上が期待できる。

さんかくきん
三角筋
肩を覆うように三角形の形状をした筋肉。腕を上げるときや投げるときなどに働く。

ふくおうきん
腹横筋
腹部を包むように構成されている筋肉。鍛えることで腹圧の高まりを生み、体幹部や骨盤が安定する。見た目にも美しい体になれる。

ちょうようきん
腸腰筋
太ももを引き上げるときに大きく動く筋肉。強化することで、背骨の安定につながり、走力や脚力が大きく向上する。

だいたいしとうきん
大腿四頭筋
4つの筋肉で構成され、太ももの前部に位置する。特に「蹴る」動作で大きく作用するため、鍛えることでキック力は大きく増す。

トレーニングに入る前に、まずは鍛えるべき筋肉を知ることから始めてください。どんなスポーツ動作に作用し、強化することでどんな効果が得られるのかを理解すれば、パフォーマンスアップへの近道となります。

全身・後ろ

脊柱起立筋（せきちゅうきりつきん）
脊柱を支えるインナーマッスル。上体を後ろに反らす、重いものを持つときなどに作用する。強化することで体の軸が安定し、当たり負けしない体の強さ、一歩目の動き出しのスピードが向上する。

中臀筋（ちゅうでんきん）
お尻の上部にある筋肉で、脚を左右に動かす際に使われる。しっかり強化すれば、サイドステップやターンなどがスムーズかつスピーディーに行える。骨盤を側面から支えている。

大腿二頭筋（だいたいにとうきん）（ハムストリングス）
太ももの裏側の筋肉。脚を引く、あるいは振る動作に作用するため、強化することで「走る」「跳ぶ」といった動きの能力を高められる。

ヒラメ筋（きん）
アキレス腱につながる、ふくらはぎの筋肉。地面を蹴るときに使われるため、鍛えることで「走る」「跳ぶ」「蹴る」「投げる」などの能力が増す。直立姿勢を保つ際にも作用する。

僧帽筋（そうぼうきん）
背中の上部にあり、首、肩、肩甲骨を覆っている。三角筋と同様に柔軟性を高めることで、腕や肩の動きが滑らかになる。

広背筋（こうはいきん）
背骨から左右に広がるようについている大きな筋肉。野球のスローイングをはじめ、腕を後方や上部に引く際に作用する。

大臀筋（だいでんきん）
臀部全体を覆う大きな筋肉。脚の後方への振り上げや外側に開くときに作用。鍛えることで体幹が安定し、走力やジャンプ力がアップする。骨盤を後ろから支えている。

ヒフク筋（きん）
ふくらはぎの筋肉で、ヒラメ筋を覆っている。「跳ぶ」「走る」といった動作に作用するため、強化すれば高い走力やジャンプ力を得ることができる。

RUN
走る

走る際に主に使われる筋肉は、おなか、腰、背中、お尻、太もも、ふくらはぎなど。これらの筋肉をうまく使って、走行フォームを安定させ、すばやく太ももを引き上げることがポイントだ。

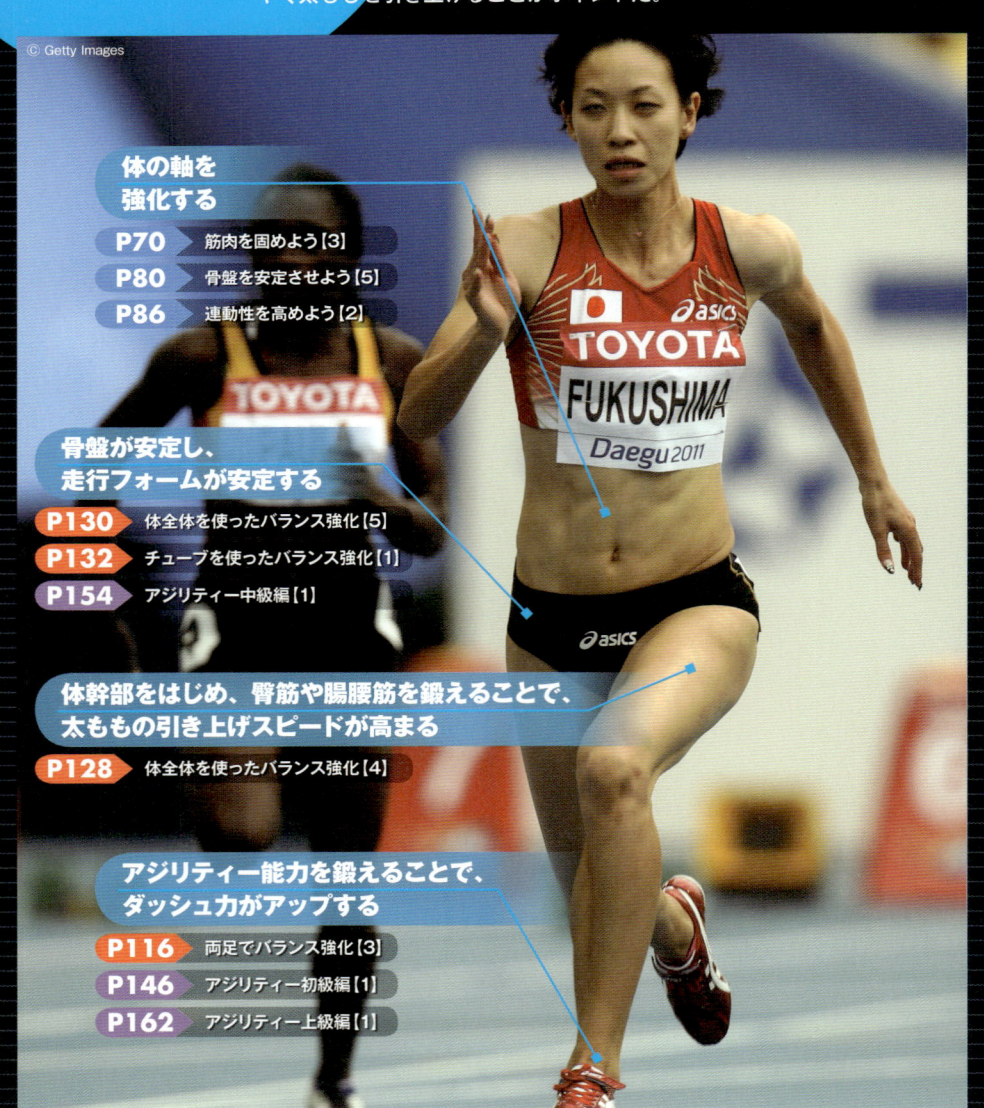

© Getty Images

体の軸を強化する
- P70　筋肉を固めよう【3】
- P80　骨盤を安定させよう【5】
- P86　連動性を高めよう【2】

骨盤が安定し、走行フォームが安定する
- P130　体全体を使ったバランス強化【5】
- P132　チューブを使ったバランス強化【1】
- P154　アジリティー中級編【1】

体幹部をはじめ、臀筋や腸腰筋を鍛えることで、太ももの引き上げスピードが高まる
- P128　体全体を使ったバランス強化【4】

アジリティー能力を鍛えることで、ダッシュ力がアップする
- P116　両足でバランス強化【3】
- P146　アジリティー初級編【1】
- P162　アジリティー上級編【1】

スポーツにおける各動作を詳細に説明することを目的としたイメージ写真です。ここで紹介しているトレーニングは一例です。

THROW
投げる

野球などの投げる動作では、まずフォームを安定させるためのしっかりとした下半身が必要。その下半身で生まれたパワーは体幹を通じて腕に伝わり、さらに上半身の〝ひねり〟を活かすことで強く速いボールが投げられる。

© Getty Images

肩、背中の筋肉を伸ばし、可動域を広げる
- P44 静的ストレッチ【2】
- P46 静的ストレッチ【3】

上半身をひねる力をつける
- P48 静的ストレッチ【4】
- P60 動的ストレッチ【5】
- P120 両足でバランス強化【5】
- P166 アジリティー上級編【3】

体幹部を強化して安定した軸をつくり、下半身で生まれたパワーを腕に伝える
- P74 骨盤を安定させよう【2】
- P88 連動性を高めよう【3】
- P126 体全体を使ったバランス強化【3】
- P138 チューブを使ったバランス強化【4】

脚を踏み込んで腰を落とす際、臀筋でしっかりと体を支えることで、フォームが安定する
- P92 連動性を高めよう【5】
- P94 連動性を高めよう【6】
- P96 連動性を高めよう【7】
- P108 軸足のバランス強化【4】
- P114 両足でバランス強化【2】
- P116 両足でバランス強化【3】
- P132 チューブを使ったバランス強化【1】

KICK
蹴る

何より重要なのは体幹部。蹴るために脚を動かす際、まず動き始めるのは体幹部の筋肉だ。また、キックのコントロールやパスの精度を高めるためには、しっかりとした強い軸足も必要である。

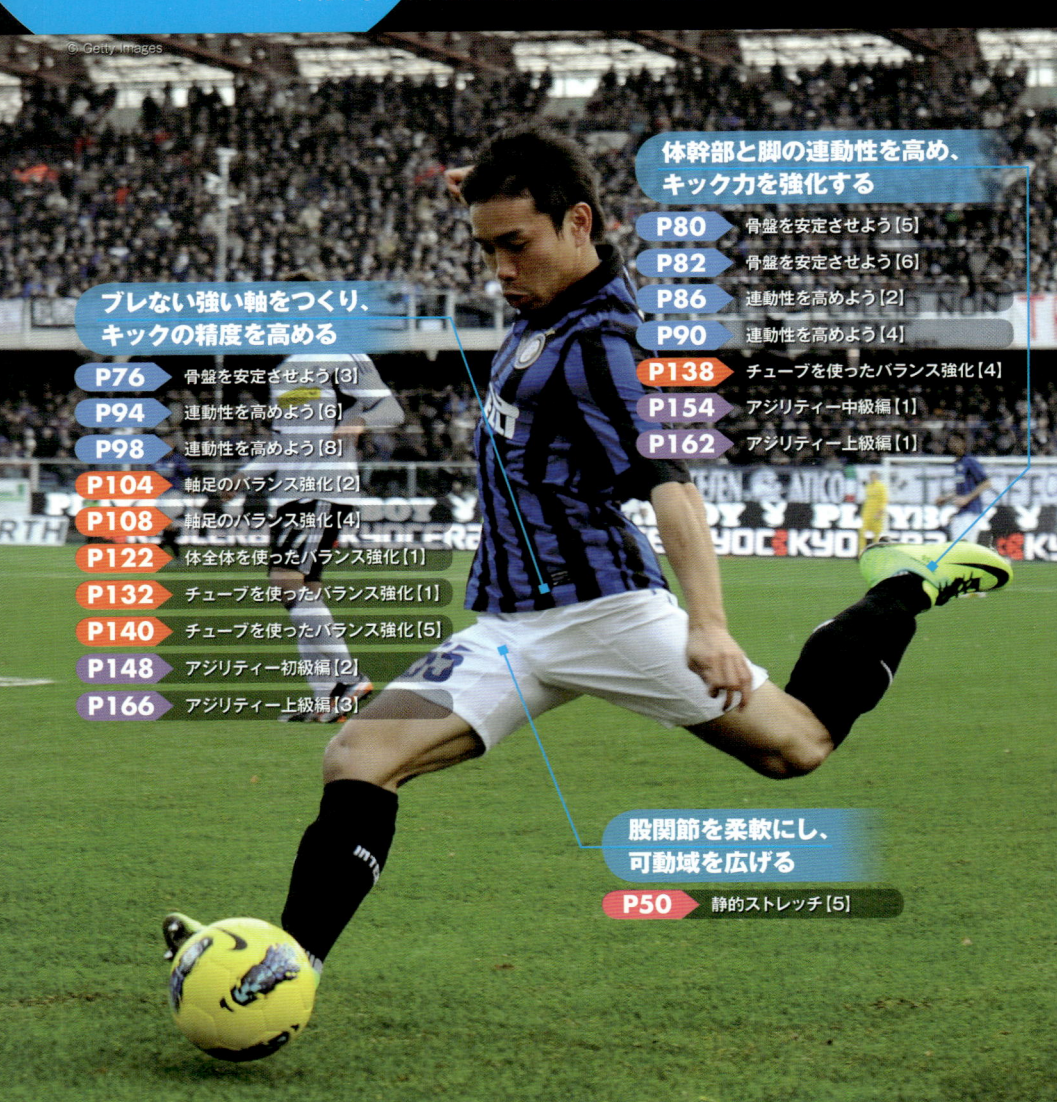

体幹部と脚の連動性を高め、キック力を強化する

P80	骨盤を安定させよう【5】
P82	骨盤を安定させよう【6】
P86	連動性を高めよう【2】
P90	連動性を高めよう【4】
P138	チューブを使ったバランス強化【4】
P154	アジリティー中級編【1】
P162	アジリティー上級編【1】

ブレない強い軸をつくり、キックの精度を高める

P76	骨盤を安定させよう【3】
P94	連動性を高めよう【6】
P98	連動性を高めよう【8】
P104	軸足のバランス強化【2】
P108	軸足のバランス強化【4】
P122	体全体を使ったバランス強化【1】
P132	チューブを使ったバランス強化【1】
P140	チューブを使ったバランス強化【5】
P148	アジリティー初級編【2】
P166	アジリティー上級編【3】

股関節を柔軟にし、可動域を広げる

P50	静的ストレッチ【5】

スポーツにおける各動作を詳細に説明することを目的としたイメージ写真です。
ここで紹介しているトレーニングは一例です。

JUMP

跳ぶ

背中、腰、おなか、太もも、ふくらはぎなど数多くの筋肉を連動させることで、「跳ぶ」動作は行われている。また、体に強い軸をつくることで、ジャンプの安定感が増す。

© Getty Images

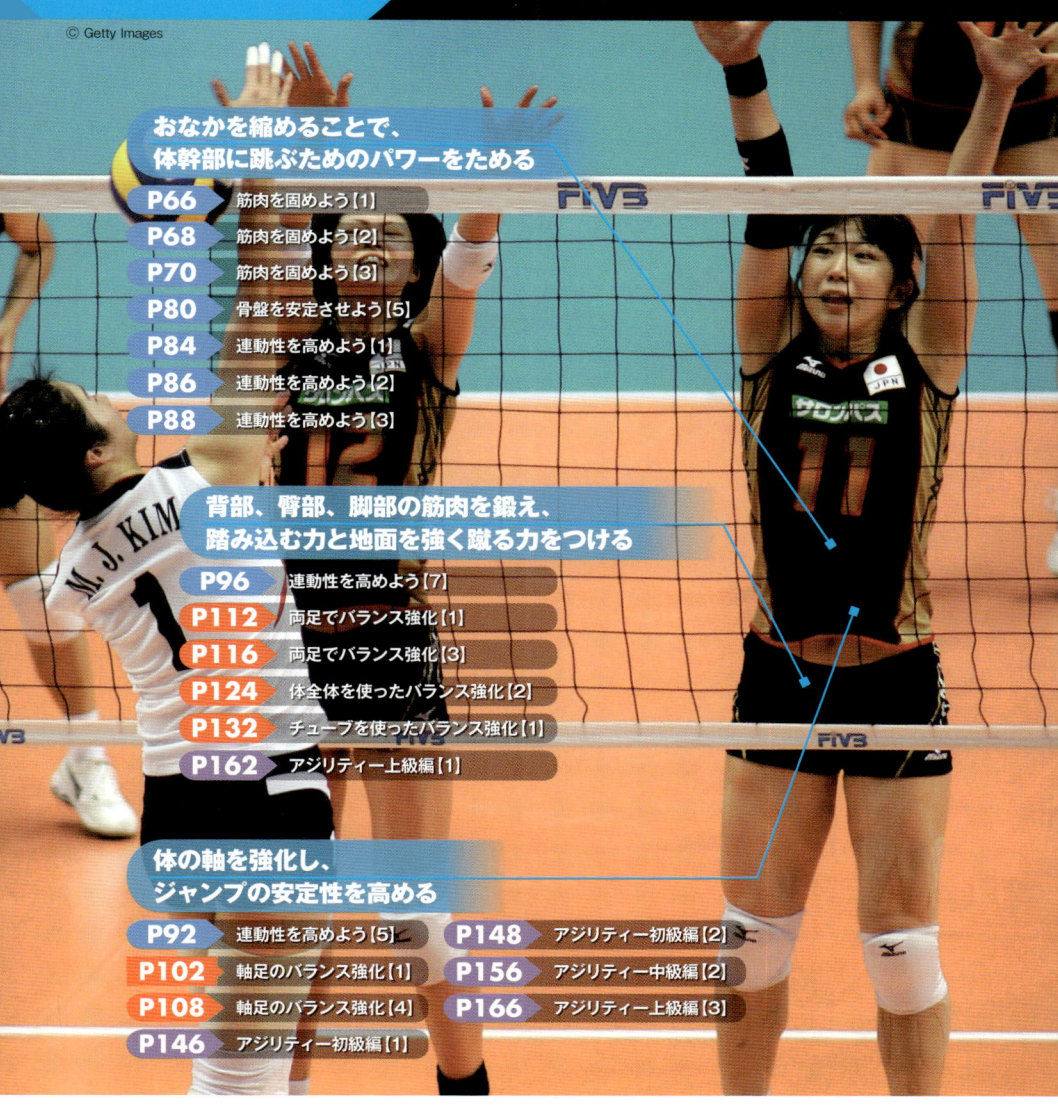

おなかを縮めることで、体幹部に跳ぶためのパワーをためる

- P66 　筋肉を固めよう【1】
- P68 　筋肉を固めよう【2】
- P70 　筋肉を固めよう【3】
- P80 　骨盤を安定させよう【5】
- P84 　連動性を高めよう【1】
- P86 　連動性を高めよう【2】
- P88 　連動性を高めよう【3】

背部、臀部、脚部の筋肉を鍛え、踏み込む力と地面を強く蹴る力をつける

- P96 　連動性を高めよう【7】
- P112 　両足でバランス強化【1】
- P116 　両足でバランス強化【3】
- P124 　体全体を使ったバランス強化【2】
- P132 　チューブを使ったバランス強化【1】
- P162 　アジリティー上級編【1】

体の軸を強化し、ジャンプの安定性を高める

- P92 　連動性を高めよう【5】
- P102 　軸足のバランス強化【1】
- P108 　軸足のバランス強化【4】
- P146 　アジリティー初級編【1】
- P148 　アジリティー初級編【2】
- P156 　アジリティー中級編【2】
- P166 　アジリティー上級編【3】

SWING

振る

体幹部を鍛えることで、体をひねる動きが滑らかになり、手足に最大限のパワーが伝わる。強い体の軸がフォームに安定感を与え、中でも大臀筋を強化することで、下半身の動きがスムーズになる。

© Getty Images

しっかりとした軸をつくることで、フォームを安定させる

- P92 連動性を高めよう【5】
- P114 両足でバランス強化【2】
- P156 アジリティー中級編【2】
- P166 アジリティー上級編【3】

体幹部を強化し、インパクトに強さを生む

- P78 骨盤を安定させよう【4】
- P82 骨盤を安定させよう【6】
- P88 連動性を高めよう【3】
- P94 連動性を高めよう【6】
- P126 体全体を使ったバランス強化【3】
- P130 体全体を使ったバランス強化【5】

臀部を鍛えて、下半身の動きを滑らかにする

- P92 連動性を高めよう【5】
- P118 両足でバランス強化【4】
- P132 チューブを使ったバランス強化【1】
- P134 チューブを使ったバランス強化【2】
- P136 チューブを使ったバランス強化【3】
- P138 チューブを使ったバランス強化【4】
- P140 チューブを使ったバランス強化【5】
- P150 アジリティー初級編【3】

腰部、背部の柔軟性を高め、上体の回旋を滑らかにする

- P46 静的ストレッチ【3】
- P48 静的ストレッチ【4】
- P57 動的ストレッチ【2】
- P58 動的ストレッチ【3】
- P59 動的ストレッチ【4】
- P60 動的ストレッチ【5】
- P61 動的ストレッチ【6】
- P62 動的ストレッチ【7】

軸足を強化し、踏み込みを鋭くする

- P78 骨盤を安定させよう【4】

スポーツにおける各動作を詳細に説明することを目的としたイメージ写真です。ここで紹介しているトレーニングは一例です。

TURN
回る ひねる

特にわき腹の筋肉を鍛えて、上体をひねる動きを身につけなければならない。細かいステップを踏むための足首の強化、ブレない体の軸、股関節周りと臀部のスムーズな動き、上体と骨盤の安定などが必要になる。

© Getty Images

体の軸を強化し、ターンのブレをなくす

P110	軸足のバランス強化【5】
P114	両足でバランス強化【2】
P154	アジリティー中級編【1】
P156	アジリティー中級編【2】
P158	アジリティー中級編【3】
P162	アジリティー上級編【1】

わき腹の筋肉を強化して、上体のひねりを滑らかにする

P74	骨盤を安定させよう【2】
P88	連動性を高めよう【3】
P120	両足でバランス強化【5】
P126	体全体を使ったバランス強化【3】
P130	体全体を使ったバランス強化【5】
P168	アジリティー上級編【4】

足首を強化し、ターンに必要な細かいステップワークを身につける

P118	両足でバランス強化【4】
P124	体全体を使ったバランス強化【2】
P126	体全体を使ったバランス強化【3】
P128	体全体を使ったバランス強化【4】
P136	チューブを使ったバランス強化【3】

上体と骨盤の安定をはかり、「回る」動きをスムーズにする

P78	骨盤を安定させよう【4】
P92	連動性を高めよう【5】
P94	連動性を高めよう【6】
P118	両足でバランス強化【4】
P120	両足でバランス強化【5】
P152	アジリティー初級編【4】
P166	アジリティー上級編【3】

股関節と臀部のスムーズな動きが、反転スピードを向上させる

P50	静的ストレッチ【5】
P60	動的ストレッチ【5】
P106	軸足のバランス強化【3】
P110	軸足のバランス強化【5】
P116	両足でバランス強化【3】
P124	体全体を使ったバランス強化【2】
P128	体全体を使ったバランス強化【4】
P132	チューブを使ったバランス強化【1】
P136	チューブを使ったバランス強化【3】
P138	チューブを使ったバランス強化【4】
P140	チューブを使ったバランス強化【5】

STOP
止まる

「止まる」動きは重要だ。大腿四頭筋が大きく作用するので、太ももの前の筋肉を鍛える必要がある。背部と臀部の強化は急なストップ動作時の体のブレを軽減し、腹筋前部を鍛えればストップからの動き出しが速まる。

© Getty Images

おなか前部の筋肉を鍛えることで体の反応が速まり、ストップからの動き出しのスピードが向上する

P68	筋肉を固めよう【2】
P70	筋肉を固めよう【3】
P130	体全体を使ったバランス強化【5】

背中とお尻の筋肉を強化し、急なストップ動作にも対応できるブレない体をつくる

P72	骨盤を安定させよう【1】
P76	骨盤を安定させよう【3】
P90	連動性を高めよう【4】
P98	連動性を高めよう【8】
P104	軸足のバランス強化【2】
P108	軸足のバランス強化【4】
P110	軸足のバランス強化【5】
P112	両足でバランス強化【1】
P124	体全体を使ったバランス強化【2】
P130	体全体を使ったバランス強化【5】
P154	アジリティー中級編【1】
P156	アジリティー中級編【2】

太もも前部の強化が、ダッシュやランニングからの急激なストップを可能にする

P108	軸足のバランス強化【4】
P112	両足でバランス強化【1】
P124	体全体を使ったバランス強化【2】
P140	チューブを使ったバランス強化【5】
P148	アジリティー初級編【2】
P152	アジリティー初級編【4】
P168	アジリティー上級編【4】

スポーツにおける各動作を詳細に説明することを目的としたイメージ写真です。ここで紹介しているトレーニングは一例です。

トレーニングポイントと進め方

本書で紹介している各トレーニングを行う前に、必ずこのページに目を通してください。体に無理なく継続していくためのポイントや、トレーニングの進め方を説明します。

1 自分の体を「知る」からスタート

ストレッチや各トレーニングを始める前に、chapter 1 自分の体を「知る」に取り組んでください。自分の体の特徴をきちんと把握することが大切です。

2 「フォームは正確に」を心がけよう

ストレッチ、および体幹力、バランス力、アジリティー向上のためのトレーニングは、いずれも正しいフォームで行ってください。例えば、ヒザを曲げてわき腹を伸ばすストレッチでヒザを曲げていないと体のひねりが足りず、うまく伸びません。「フォームは正確に」を心がけましょう。

3 ストレッチは伸ばす箇所を意識 またトレーニング前に必ず行おう

柔軟性を高めるためのストレッチは、伸ばしている筋肉や関節を意識することで、より効果が高まります。体幹力、バランス力、アジリティーの各トレーニングに取り組む前に、必ずストレッチを行いましょう。筋肉をほぐして関節の可動域を広げることで、トレーニング効果が高まり、ケガの予防にもつながります。

4 体幹力、バランス力、アジリティーの各トレーニングのポイントを抑えよう

各chapterの冒頭で、トレーニングの注意点を記しています。骨盤の安定（体幹力）、しっかりとした軸をつくる（バランス力）、上体をブレないようにする（アジリティー）など、注意点を意識しながら取り組むことで、効果は大きく上がります。

本書の構成と進め方について

本書は、能力チェックのための自分の体を「知る」、柔軟性を高めるストレッチ、体幹力、バランス力、アジリティーそれぞれの能力を高めるトレーニング、クールダウンのためのマッサージの計6章で構成されています。

まずはchapter1自分の体を「知る」のメニューを行ってください。 その後、各トレーニングへと移りますが、事前にストレッチを必ず行うようにしましょう。また、最後にマッサージを行うと、疲労回復につながります。トレーニングに順番はないので、メニューは自分で組み立てて大丈夫です。

ストレッチ → 体幹力 / バランス力 / アジリティー → マッサージ

※1日ですべてのメニューを行おうとせず、自分自身のパフォーマンスアップの目的に合わせて、無理のない範囲で行ってください。
※腰痛や肩こりなどの症状がある方は、ストレッチから始めるようにしましょう。

本書におけるアスリートと一般の定義

本書で紹介しているストレッチやトレーニングは、こなす回数や秒数、セット数をアスリートと一般の方で分けています。下記の表が目安になるので、参考にしてメニューに取り組んでください。

アスリート	一般
週に4日以上、スポーツや運動(ゴルフ、スポーツクラブ、中高生の部活含む)をしている	5年以上、スポーツをしていない。スポーツ(ゴルフ、スポーツクラブ、中高生の部活含む)を行う回数が週に3回未満

1週間のメニュー組み立て例

ストレッチを含む全63種類のメニューの中から、アスリートと一般に分けて、1週間のメニューを組み立ててみました。アスリートは日曜日に試合が行われていることを想定して、メニューを組んでいます。バランスのとれた構成になっているので、一例として参考にしてみてください。

ストレッチはアスリート、一般に関わらず、トレーニング前には必ず行う。
体幹力とアジリティーのメニューは、動きのブレなどを確認できるため、組み合わせると効果的。以下は組み合わせ例
　月：体幹力（筋肉を固めよう）→アジリティー
　火：体幹力（骨盤を安定させよう）→アジリティー
　水：体幹力（連動性を高めよう）→アジリティー

■アスリート・一般別メニュー組み立て例（1週間）

	アスリート		一般
月	・ストレッチ（静的、動的全種目） ・体幹力（筋肉を固めよう、骨盤を安定させよう、連動性を高めよう） ・バランス力（体全体を使ったバランス強化） ・アジリティー3種目	月	・ストレッチ（静的、動的全種目） ・体幹力（筋肉を固めよう） ・バランス力（軸足のバランス強化）、アジリティー（初級編）から2〜3種目
火	・ストレッチ（静的、動的全種目）	火	・ストレッチ（静的、動的全種目）
水	・ストレッチ（静的、動的全種目） ・体幹力（筋肉を固めよう、骨盤を安定させよう、連動性を高めよう） ・バランス力（軸足のバランス強化） ・アジリティー6種目	水	・ストレッチ（静的、動的全種目） ・体幹力（骨盤を安定させよう） ・バランス力（両足でバランス）、アジリティー（中級編）から2〜3種目
木	・ストレッチ（静的、動的全種目） ・体幹力（骨盤を安定させよう） ・バランス力（両足でバランス） ・アジリティー6種目	木	・ストレッチ（静的、動的全種目）
金	・ストレッチ（静的、動的全種目） ・体幹力（連動性を高めよう） ・バランス力（体全体を使ったバランス強化） ・アジリティー（中級編）	金	・ストレッチ（静的、動的全種目） ・体幹力（連動性を高めよう） ・バランス力（体全体を使ったバランス強化）、アジリティー（上級編）から2〜3種目
土	・ストレッチ（静的、動的全種目） ・体幹力（連動性を高めよう） ・バランス力（チューブを使ったバランス強化）	土	・ストレッチ（静的、動的全種目）
日	試合日	日	_____

※アスリートは、日曜日に試合があることを想定して、メニューを組んでいます。他の曜日にゲームがある場合は、それに合わせて行いましょう。

読めば、納得!
今までになかった本書の使い方

1 伸ばす、鍛える体の箇所をわかりやすく

メニューによって体のどの場所を伸ばす(鍛える)のかを、一般的にわかりやすい言葉で表記。さらに詳しい筋肉名とその位置をイラストで確認できるようにしました。イラストに図示された筋肉がしっかりと伸びて(鍛えて)いるかを意識しながら、トレーニングを行ってください。

2 1日のトレーニング目安がわかる

やれば、やるだけいいとは限りません。体に無理のないように一般向けとアスリート向けに1日のトレーニング目安を記載しています。あくまでも目安ですから、自分のコンディションにあわせて、回数とセット数は調整しましょう。一度にたくさん行うよりも、毎日決めた数を継続的に行うことが重要です。
自分が、一般向けとアスリート向け、どちらに適しているかはP24を参考ください。

※トレーニングを行う前には、必ずストレッチを行ってください。筋肉をほぐして血流を
よくすることで、トレーニングの効果は高まります（静的ストレッチは必須）。
※トレーニングで鍛える部分とあわせるように、Chapter2のストレッチメニューを
組み合わせてください。

3 体の動かし方とトレーニングのポイントがわかる

連続写真で動き方がわかります。POINTマークは特に木場さんが意識してもらいたいところを示しています。トレーニングアドバイスと合わせて確認してください。

4 動作別にオススメ度をわけました

本書は、どんなスポーツ競技にも対応できるメニュー構成となっていますが、各競技の特性を考えて、動作別にオススメ度をわけています。自分のやっているスポーツで多い動作を考えてみてください。その動作のオススメ度が高いメニューから取り組めば、より効果的です。

5 木場克己さんからのトレーニングアドバイス

木場さんが実際の経験を踏まえて、トレーニングに大切なアドバイスをしてくれています。中には、NGの動きも紹介していますので、そうならないように注意しましょう。

完全撮り下ろし映像 45分
DVDの使い方

付属DVDでは、木場克己さんのトレーニング(Chapter 6以外)を映像によって解説していきます。DVDと書籍を併用しながら、役立ててください。

ALL PLAY
最初からすべての映像を通して見ることができます。

Chapter1～5
各チャプターのメイン画面に移ります。Chapter3、4のみStepによって画面がわかれています。

〔付録DVDに関する注意〕
●本誌付録のDVDはDVD-VIDEO(映像と音声を高密度で記録したディスク)です。DVD-VIDEO対応のプレーヤーで再生してください。DVD再生機能を持ったパソコン等でも再生できますが、動作保証はできません(パソコンの一部機種では再生できない場合があります)。不都合が生じた場合、小社は動作保証の責任を負いませんので、あらかじめご了承ください。　●ディスクの取り扱いや操作方法は再生するプレーヤーごとに異なりますので、ご使用になるプレーヤーの取り扱い説明書をご覧ください。　●本DVDならびに本書に関するすべての権利は、著作権者に留保されます。著作権者の承諾を得ずに、無断で複写・複製することは法律で禁止されています。また、本DVDの内容を無断で改変、第三者へ譲渡・販売すること、営利目的で利用することも法律で禁止されております。
●本DVD、または本書において、乱丁・落丁・物理的欠損があった場合は、小社までご連絡ください。

KOBA式
運動能力チェック
まずは自分の体の特徴を確認してみてください。

KOBA式
柔軟性を高めるストレッチ
どんなスポーツ競技においても柔軟性は必須です。毎日継続的に取り組んでみてください。

KOBA式
体幹力を強化するトレーニング
Stepごとにわかれています。焦らずに順番どおり行ってください。
── STEPⅢへ

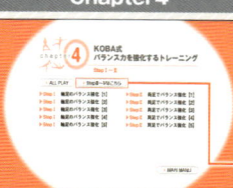

KOBA式
バランス力を強化するトレーニング
Stepごとにわかれています。他のチャプターのメニューと組み合わせて行ってください。
── STEPⅢ・Ⅳへ

KOBA式
アジリティーを強化するトレーニング
Stepごとにわかれています。他のチャプターのメニューと組み合わせて行ってください。慣れてきたら、どんどんスピードアップしてください。

SPORTS PERFORMANCE UP METHOD

chapter 1

KOBA式
運動能力チェック

自分の体を「知る」

chapter 1 運動能力チェック

CHECK[1]
柔軟性

すべてのスポーツで重要な、一歩目の動き出しの速さを生み出す股関節の柔軟性を見るテストです。引きつけが十分かどうかで、柔軟性を確認できます。

まずはやってみよう！

1 長座の姿勢からヒザを曲げ、足裏を合わせます。
その姿勢から、つま先を両手で持ち、かかとを股関節へ引きつけてください

Another Angle ○ ×

☑ POINT
つま先を両手で持つ

Check ☑ 確認してみよう

- ☑ 両足の裏をしっかり合わせられるか？
- ☑ 両手でつま先を持つことができるか？
- ☑ かかとを股関節へ引きつけられるか？
- ☑ 背すじはまっすぐになっているか？

Let's Training! より柔軟性を高めるために

| P50 | 股関節を伸ばす |
| P60 | 股関節・腰周りを大きく動かす |

自分の体を「知る」

chapter 1
運動能力チェック

CHECK [2]
柔軟性

腰周りの柔軟性を確認します。ここが柔軟性に欠けると、ターンや振る、投げる、蹴るなどスポーツに必要なひねりの動作をスムーズに行えません。

運動能力チェック／柔軟性／体幹力／バランス力／アジリティー／マッサージ

まずはやってみよう！

1
腕を真横に広げ、手の平を下に向けた状態で仰向けに寝ます。
どちらかの脚を90度に曲げ、ヒザをおへその高さまで上げます

☑ **POINT**
ヒザはおへその高さ。脚を90度に曲げる

2
腰をひねりながら上げた脚を横に倒します。
左右どちらも行ってください

Another Angle

☑ **POINT**
脚、両手は床につける

Check ☑ 確認してみよう

- ☑ 脚を横に倒した際、両手が床から離れていないか？
- ☑ 倒した脚のつま先が床についているか？
- ☑ 顔は真上を向いているか？

Let's Training! より柔軟性を高めるために

P48	腰周りを伸ばす
P60	股関節・腰周りを大きく動かす
P61	背中・胸・胸周りを大きく動かす
P62	背中・腰・太ももの裏を大きく動かす

自分の体を「知る」

CHECK [3]
体幹力

体幹部の筋肉の持久力をテストします。下記チェック項目において一つでもできなかった場合は腹部全体の筋力がバランスよく使えていない、体幹力が弱いと考えられます。

まずはやってみよう！

1 脚は骨盤の幅に開いてヒザを曲げ、手を後頭部で組んで上体をおこします。
その際、ヒジをヒザに合わせて、5秒キープ。
その後、上体をゆっくり下ろします

5秒キープ

✓ **POINT** 両ヒジと両ヒザを合わせる

Another Angle

✓ **POINT** 両脚は骨盤の幅に

Check ✓ 確認してみよう

- ☑ ヒジとヒザをしっかり合わせられているか？
- ☑ 5秒キープできているか？
- ☑ キープしたあと、上体をゆっくり床に下ろせたか？
- ☑ 上体をおこしたとき、足が床から浮いていないか？

Let's Training! より体幹力を高めるために

P66	ドローインを覚える
P68	おなかを鍛える
P70	おなかを鍛える

chapter 1 運動能力チェック

自分の体を「知る」
CHECK [4]
体幹力
（立った状態でのヒジ・ヒザ合わせ）

体幹の強化において重要な骨盤の安定性をはかるテストです。骨盤が安定していないと、スムーズな動き出しや、すばやいターンができません。

まずはやってみよう！

1 まっすぐに立ち、どちらかの手を後頭部に添え、逆脚のヒザをおへその高さまで上げます。もう一方の腕は、真横に伸ばしましょう

2 1の姿勢から体の重心がブレないように注意して、おへその上でヒジとヒザを合わせます。この状態で5秒キープします。左右どちらも行ってください

☑ **POINT** ヒザをおへその高さに上げる

☑ **POINT** ヒジとヒザを合わせる

5秒キープ

Check ☑ 確認してみよう

- ☑ ヒザをおへその高さに上げることができたか？
- ☑ ヒジとヒザを合わせられているか？
- ☑ バランスを崩さずに5秒キープすることができたか？
- ☑ 体の重心がブレていないか？

Let's Training! より体幹力を高めるために

P74	わき腹・太ももの内側を鍛える
P78	背中・お尻を鍛える
P82	おなか・太ももを鍛える
P88	おなかを鍛える

33

chapter 1 運動能力チェック

自分の体を「知る」
CHECK [5]
体幹力（上体ひねり）

体幹部でも重要な、わき腹にある筋肉「腹斜筋」の強さをチェックします。腹斜筋が弱いと、ひねる動作がうまくできません。

まずはやってみよう！

1 脚は骨盤の幅、腕は真横に開き、まっすぐ立ちます

2 1の姿勢から骨盤を安定にして、つま先を正面に向けたまま、上体だけを90度以上ひねります。その体勢を5秒以上キープしてください

✓ POINT 骨盤は安定

5秒以上キープ

Check ✓ 確認してみよう

- ✓ 90度以上ひねることができたか？
- ✓ 5秒以上キープすることができたか？
- ✓ 骨盤は安定、つま先は正面を向けたままで、上体だけをひねることができたか？

Let's Training! より体幹力を高めるために

P48	腰周りを伸ばす
P66	ドローインを覚える
P72	背中・腰・お尻・太ももを鍛える
P96	背中・お尻・太ももを鍛える

chapter 1 運動能力チェック

自分の体を「知る」

CHECK [6]
バランス力
（片脚立ち）

バランス力を高めるためには、体の軸および軸足の強さが求められます。不安定な状態でも、まっすぐな姿勢を保つことができるかをテストします。

まずはやってみよう！

1 背すじを伸ばしたまっすぐな姿勢で、左右どちらかのヒザを手で抱え込み、5秒キープします。両脚ともに行ってください

☑ **POINT** 背すじはまっすぐ

5秒キープ

Check ☑ 確認してみよう

☑ 頭から足先を一直線にキープできたか？
☑ 5秒キープできたか？
☑ 体がグラつかなかったか？

Let's Training! **よりバランス力を高めるために**

P50	股関節を伸ばす
P72	背中・腰・お尻・太ももを鍛える
P94	おなかの横を鍛える
P112	腰・太もも・お尻で支える

運動能力チェック / 柔軟性 / 体幹力 / バランス力 / アジリティー / マッサージ

chapter 1 運動能力チェック

自分の体を「知る」
CHECK [7]
バランス力
（片脚立ちでつま先タッチ）

こちらもバランス力を診断するテストです。ブレない軸や当たり負けしない強さは、バランスのとれた体が基礎になります。

まずはやってみよう！

1 まっすぐな姿勢をとり、片脚で立ちます。どちらかの腕を上げ、もう一方の腕は床と水平に伸ばします

2 1の体勢から上体を倒し、上げた腕の指先で、軸足のつま先を3回以上タッチしてください

繰り返す

Another Angle

POINT
難しければ、
ヒザのタッチでもOK

Check ✓ 確認してみよう

- ☑ 3回以上タッチすることができたか？
- ☑ その際、体はブレなかったか？
- ☑ 足裏が床から離れなかったか？

Let's Training! よりバランス力を高めるために

P96	背中・お尻・太ももを鍛える
P104	おなか・背中・お尻・脚で支える
P110	おなか・背中・お尻・ふくらはぎで支える
P116	体全体で支える

chapter 1 運動能力チェック

自分の体を「知る」
CHECK [8]
アジリティー
（太ももの引き上げ）

太ももを交互にすばやく引き上げられるかどうかで、アジリティー能力をはかるテストです。アジリティーの基礎は強い体の軸です。軸がしっかりできているか、体幹力の強さも確認できます。

まずはやってみよう！

1 背すじをまっすぐに伸ばして立ち、腕を床と水平に開きます。
その姿勢から、太ももを交互にすばやく引き上げる動作を繰り返してください

← - - →
すばやく
繰り返す

Check ☑ 確認してみよう

- ☑ まっすぐな姿勢を保つことができたか？
- ☑ 太ももをすばやく、おへその高さまで引き上げることができたか？
- ☑ その際、上体はブレなかったか？

Let's Training!
よりアジリティーを高めるために

P72	背中・腰・お尻・太ももを鍛える
P82	おなか・太ももを鍛える
P94	おなかの横を鍛える
P126	体全体で支える

運動能力チェック / 柔軟性 / 体幹力 / バランス力 / アジリティー / マッサージ

chapter 1 運動能力チェック

自分の体を「知る」

CHECK [9] アジリティー
(両かかとタッチ)

こちらもアジリティーの強化には欠かせない、体の軸の強さをはかるためのテストです。すばやさを意識しながら、体がブレないように行ってください。

まずはやってみよう！

1 手と足をくっつけるイメージで、まず左手の指先で右足のつま先をタッチ。続いて逆も行ってください

すばやく、リズミカルに10回以上繰り返す

Check ✓ 確認してみよう

- ☑ 10回以上行うことができたか？
- ☑ すばやくリズムよく行うことができたか？
- ☑ 体の軸がブレなかったか？

Let's Training! よりアジリティーを高めるために

P104	おなか・背中・お尻・脚で支える
P106	お尻で支える
P130	体全体で支える
P158	中級編【3】

SPORTS PERFORMANCE UP METHOD

chapter 2

KOBA式
柔軟性を高めるストレッチ

柔軟性の高め方

筋肉が柔軟性に欠け、硬くこわばってしまうと、パフォーマンスアップは望めません。ストレッチで十分にほぐして、トレーニング効果を高めましょう。

① トレーニング前に必ず取り組む

　この章では静的ストレッチ7種目、動的ストレッチ7種目を紹介しています。これらの計14種目のストレッチは、体幹力、バランス力、アジリティーいずれのトレーニングを行う前に、必ず取り組むようにしてください。ストレッチで筋肉をほぐして血流を促し、関節の可動域を広げることで、トレーニングの効果がより高まるからです。何よりもケガの予防につながります。

②「静的」から「動的」の流れで行う

　静的ストレッチと動的ストレッチに分けて紹介していますが、これには大きな理由があります。静的ストレッチは固まった筋肉をほぐし、関節の可動域を広げる目的、一方の動的ストレッチは体全体の血流を促し、腱に刺激を入れて筋肉を動きやすくするという目的があるからです。この点を頭に入れて、静的ストレッチをこなしてから、動的ストレッチを行う流れを必ず守ってください。

③ 伸ばしている箇所を意識

　ストレッチといっても、ただ無意識に伸ばすだけでは効果があがりません。「どの筋肉を伸ばし、どの関節を動かしているのか」を意識しながら取り組むようにしましょう。「意識するか、しないか」で、効果は大きく違ってきます。また、オーバーストレッチにも注意してください。伸ばした際、心地よい痛みなら問題ありませんが、過度な痛みを伴うと、筋肉や関節、腱を痛めてしまいます。

STEPを踏んで
柔軟性のレベルを上げよう！

まずは静的ストレッチで筋肉をほぐし、
続いて、動的ストレッチで筋肉を動きやすくさせよう。
これが柔軟性を高めるための正しい順番だ。

STEP I 静的ストレッチ

頭と上半身をつなぐ首、腕と上体をつなぐ肩など、橋渡しの役割を果たす大きな関節をしっかりとスムーズに動かせるようにすることが大きな目的。また、トレーニング後のクールダウンにも有効。酷使した筋肉を伸ばしてリラックスし、疲労回復をはかろう。

STEP II 動的ストレッチ

血流を促し、筋肉を動きやすくすることが目的の動的ストレッチ。さらに、反動をつけて行うメニューが多いことから、腱に刺激が入る。腱には、外からの刺激をキャッチし、脳へ伝えるセンサーである固有受容器が存在することから、筋肉自体の動きやすさが増す。

スポーツのこんな動きに効果的

キック力が高まる
「ひねる」動作が滑らかになり、キックの際、ボールによりパワーが伝えられる。

腰の回旋がスムーズに
ゴルフや野球のスイング、また投球動作において腰の回旋が楽になる。

動き出しのスピードアップ
内転筋や臀部の筋肉が柔らかいと、一歩目の動き出しがスムーズに行える。

chapter 2 柔軟性

静的ストレッチ[1]

首周りを伸ばす

僧帽筋

1 まっすぐに立ち、手は耳の上に添える

両脚は骨盤の幅に開き、どちらかの手を逆側の耳の上に置きます

☑ **POINT**
背すじを伸ばす

☑ **POINT**
両脚は骨盤の幅に

ココを伸ばす！

僧帽筋

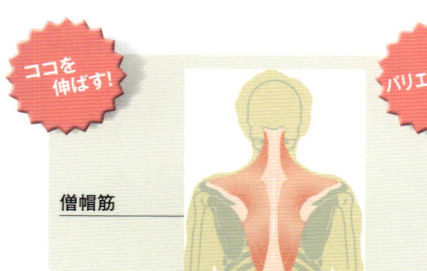

バリエーション

左右の僧帽筋を同時にストレッチ

直立姿勢から両手を後頭部で組み、首を前に深く倒します

ストレッチ！

僧帽筋のストレッチです。肩や腕を上げて肩甲骨を安定させたり、首を後ろに反らす、肩を後ろに引く際など、どんなスポーツ競技においても酷使する箇所なので、入念に伸ばしましょう。

一日のトレーニング目安	
アスリート	左右 5〜10秒 2セット
一般	左右 5〜10秒 2セット

2 息を吐きながら手で首を横に倒す

1の姿勢から息をフーっと吐きながら、頭を真横に倒す

息を吐きながら横へ

ストレッチ！

POINT
肩を上げない

POINT
体ごと横に倒さないように注意

トレーニングアドバイス

必ず息を吐きながら首を倒す

息を吐くことでより深く首を倒すことができ、ストレッチ効果が格段に高まります。また倒す際は、体全体が前に傾かないようにしましょう。

運動能力チェック / 柔軟性 / 体幹力 / バランス力 / アジリティー / マッサージ

chapter 2 柔軟性

静的ストレッチ [2]

肩周りを伸ばす

三角筋

1 腕を肩の高さに上げ、胸に近づけるように伸ばす

脚は骨盤の幅に開き、どちらかの腕を肩の高さに上げて、胸に近づけるように伸ばします

POINT
腕は水平に

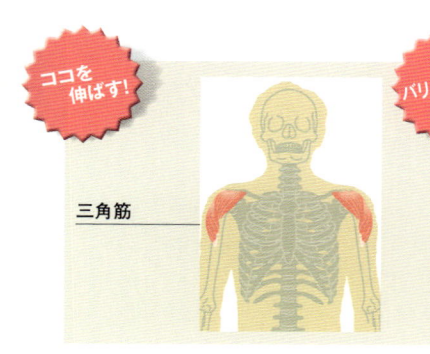

POINT
背すじを伸ばす

ココを伸ばす!
三角筋

バリエーション
ストレッチ!

上腕三頭筋を伸ばすストレッチ

まっすぐの姿勢から手の側面を後頭部に当てて、首を後ろに反らしてキープします

腕を動かしたり、回す際に、肩の筋肉が硬いとスムーズにいきません。また肩周りの筋肉を柔軟にしておくことで、肩の可動域を広げる効果もあります。

一日のトレーニング目安	
アスリート	左右 **5～10秒** 2セット
一般	左右 **5～10秒** 2セット

2 もう一方の腕で胸に引き寄せる

1の体勢から、もう一方の腕を重ねて胸に引き寄せます。この体勢をキープしてください

ストレッチ！

☑ POINT
肩が動かないように固定

☑ POINT
上体はまっすぐ

運動能力チェック / 柔軟性 / 体幹力 / バランス力 / アジリティー / マッサージ

トレーニングアドバイス

肩が動かないように固定しよう

腕を胸に引き寄せたとき、**肩をしっかりと固定しながら**、筋肉が伸びていることを意識しましょう。

45

chapter 2 柔軟性

静的ストレッチ [3]
背中周りを伸ばす

広背筋・僧帽筋

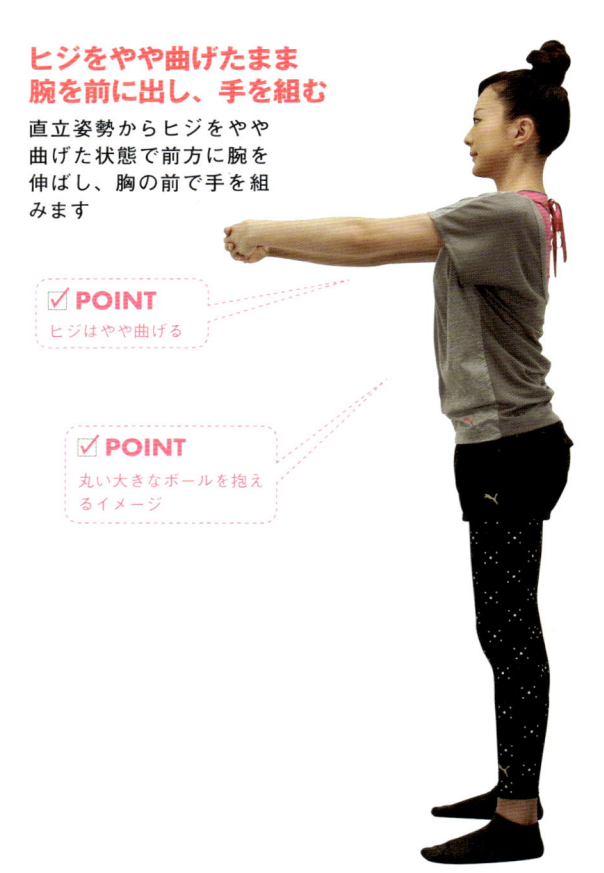

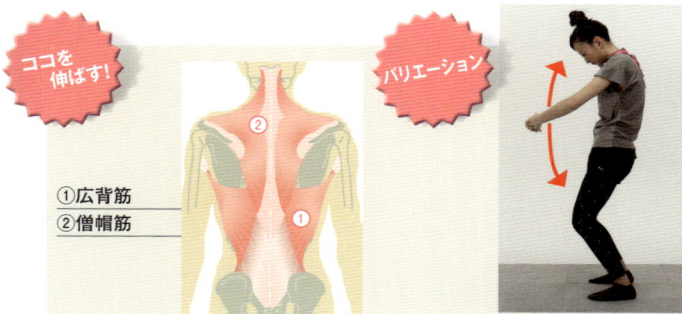

1 ヒジをやや曲げたまま腕を前に出し、手を組む

直立姿勢からヒジをやや曲げた状態で前方に腕を伸ばし、胸の前で手を組みます

☑ POINT
ヒジはやや曲げる

☑ POINT
丸い大きなボールを抱えるイメージ

ココを伸ばす！
① 広背筋
② 僧帽筋

バリエーション

腕を上下に動かす

2の体勢から腕を上下に動かします。動的ストレッチの要素を取り入れることで効果が高まります

広 背筋や僧帽筋など背中周りの筋肉を伸ばします。ボートを漕ぐ競技や柔道など組み手の際に強い力で腕を後ろや下に引くため、特にこれらの筋肉を酷使します。柔軟性を高めることで、投げる・跳ぶ動作においてよりパワーを発揮できます。

一日のトレーニング目安	
アスリート	5〜10秒 2セット
一般	5〜10秒 2セット

2 背中を丸めながら、肩を突き出す

背中を丸めヒザをやや曲げて、両肩を前に突き出します。顔は下を向けましょう

ストレッチ！

☑ POINT
顔はおへそをのぞきこむ

☑ POINT
肩甲骨を広げるイメージで、背中を丸める

☑ POINT
ヒザをやや曲げる

トレーニングアドバイス

肩甲骨を広げるイメージを持とう

背中を丸める際、腕を曲げて**肩甲骨を大きく広げるイメージ**を持つことで、筋肉がより伸びます。顔はおへそをのぞきこむように下を向けてください。

chapter 2 柔軟性

静的ストレッチ [4]
腰周りを伸ばす

脊柱起立筋・腹斜筋

1 長座の姿勢で手を背後に置く

脚を伸ばして座り、長座の姿勢をとります。手は後ろに置いてください

☑ POINT
背すじを伸ばす

2 ヒザを曲げて、伸ばしている脚とクロス

1の姿勢からどちらかのヒザを曲げて、脚を交差させます

ココを伸ばす！
脊柱起立筋 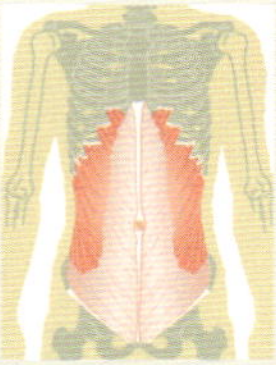　腹斜筋  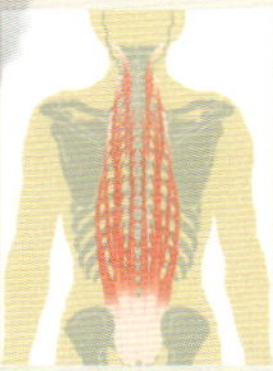

バリエーション
ストレッチ！

疲労回復や柔軟性の向上に効果

腕を交差させて足首をつかみ、首を下にして上体を深く倒します。筋肉の疲労回復や柔軟性のアップに効果的

のようなスポーツ競技でも、上体をひねる動きが出てきます。腰周りを入念にストレッチすることで腰の回旋がスムーズになります。

一日のトレーニング目安	
アスリート	左右 **5〜10秒** 2セット
一般	左右 **5〜10秒** 2セット

3 ヒジをヒザに押し当て上体をひねる

曲げた脚のヒザの上に反対側のヒジを押し当てるように固定し、息を吐きながら上体を大きくひねります

☑ POINT 顔の向きはひねった方向へ

背中とわき腹をストレッチ！

☑ POINT ヒジでヒザを固定

☑ POINT 息を吐きながらひねる

トレーニングアドバイス

息を吐きながら、顔と上体は同じ方向へひねる

息を吐きながら上体をひねることで脱力感が増し、より大きく筋肉を伸ばすことができます。このとき、顔もひねる方向に向けるようにしてください。

chapter 2 柔軟性

静的ストレッチ [5]

股関節を伸ばす

大臀筋・股関節周り

1 仰向けに寝て片ヒザを持つ

仰向けに寝てください。ヒザをおへその高さまで引き上げ、両手で抱えるように持ちます

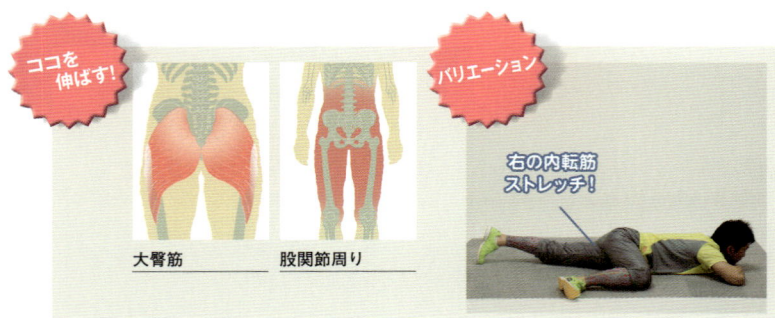

☑ POINT おへその高さまで上げる

☑ POINT 両手でしっかり持つ

☑ POINT 脚はまっすぐ

☑ POINT 骨盤は床に押しつける

ココを伸ばす!
大臀筋　　股関節周り

バリエーション
右の内転筋ストレッチ!

股関節と内転筋のストレッチ

胸と骨盤を床に押しつけ、ヒザはおへその高さに引き上げます。股関節と内転筋が伸びます

ケガ予防やパフォーマンスアップのためには、特に股関節周辺の柔軟性が求められます。バッティングやスローイングで身体をねじる際、走る際の脚の上げ下げ、ターンや動き出し、キックなど、あらゆる動作において股関節を使います。

一日のトレーニング目安	
アスリート	左右 **10秒** 2セット
一般	左右 **10秒** 2セット

2 ヒザを上体に引きつける

1の体勢から、腕でヒザを上体に引き寄せてキープします

☑ POINT
上体に引き寄せる

ストレッチ！

☑ POINT
股関節とお尻の筋肉が伸びていることを意識

トレーニングアドバイス

正しいフォームで行うこと

ヒザを引きつけた際、骨盤が床から離れて**上体がおき上がったり、腰が反らないように注意**しましょう。股関節の硬い人はケガをしやすいので、このストレッチを入念に行ってください。

chapter 2 柔軟性 — 静的ストレッチ[6]

太ももを伸ばす

腸腰筋・大腿四頭筋

1 ヒジを立てて横向きに寝る

横向きに寝た状態でヒジを立て、上体をおこします。両脚は前に出します

☑ POINT 骨盤は常に傾けないように

☑ POINT 脚は前に出す

☑ POINT ヒジは肩の下

2 片方の脚を後ろに引く

伸ばす側の足首を手で持って、後ろに引きます

☑ POINT 足首を持つ

☑ POINT 片脚のみ前に出したまま

ココを伸ばす！
① 腸腰筋
② 大腿四頭筋

バリエーション — ストレッチ！

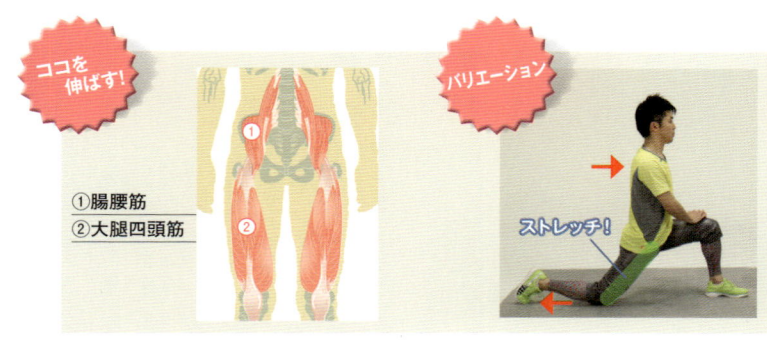

太ももの前がより伸びるメニュー

片ヒザ立ちでヒザに手を置き、後ろの脚を伸ばします。胸を反らすと、大腿四頭筋がより伸びます

太ももの前、大腿四頭筋を伸ばすメニュー。特にダッシュなどランニング系の練習後に疲労が溜まりやすい部位です。また成長期の子どもは、この箇所が固いと成長痛になりやすいので、よく伸ばしてください。

一日のトレーニング目安	
アスリート	左右 **10秒** 1セット
一般	左右 **10秒** 1セット

ヨ かかとを お尻につける

手で足首を引き寄せ、かかとをお尻につけます。この体勢をキープしてください

✓ POINT 脚を後ろに引く

✓ POINT かかとをお尻につける

ストレッチ！

トレーニングアドバイス

必ず片脚は前に残しておくこと

必ず片方の脚は、前に出したままにしてください。こうすることで、より深いストレッチ効果を得られます。太ももの前を伸ばすことはどんなスポーツでも大切ですから、しっかり行ってください。

chapter 2 柔軟性

静的ストレッチ [7]

ふくらはぎを伸ばす

ヒラメ筋・アキレス腱

1 両脚は肩幅に開き、つま先立ち 両手は床につける

腕は肩幅に、脚は骨盤の幅に開きます。
ヒジとヒザを伸ばして、つま先立ちします

☑ POINT お尻を突き出す

☑ POINT 脚は骨盤の幅

☑ POINT 腕は肩幅に

☑ POINT かかとは浮かす

浮かす

ココを伸ばす！
ヒラメ筋
アキレス腱

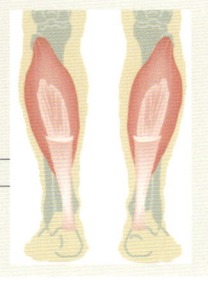

バリエーション

かかとを持って前に体を倒す

片ヒザを立てて床に座り、脚のかかとを逆の手で持ち、上体を前に倒します。かかとが浮かないように、手できちんとつかみます

ストレッチ！

ふ くらはぎの筋肉、アキレス腱を伸ばします。走る、飛ぶ、跳ねる、ステップするといった動作時には、瞬間的にふくらはぎの筋肉が引き伸ばされます。スポーツでも酷使する箇所で、疲れがたまると肉離れをおこす危険性もあります。

一日のトレーニング目安
アスリート　左右 **10秒** 2セット
一般　左右 **10秒** 2セット

2 どちらかの脚を、もう一方の脚に重ねてかかとを床につける

どちらかの脚の甲を、もう一方の脚のアキレス腱に重ねます。脚のかかとを床につけて、キープしてください

☑ POINT
ふくらはぎの筋肉が伸びていることを意識

ストレッチ！

☑ POINT
かかとは床にしっかりつける

トレーニングアドバイス

かかとをしっかり床につける

脚の甲をアキレス腱に重ねたあと、*かかとをしっかり床につける*ことで、筋肉が十分に伸びます。

運動能力チェック｜柔軟性｜体幹力｜バランス力｜アジリティー｜マッサージ

chapter 2 柔軟性

動的ストレッチ [1]

首を大きく動かす

一日のトレーニング目安	アスリート	左右回り 3周 1セット
	一般	左右回り 3周 1セット

首周りの筋肉をほぐしていきます。首はたくさんの神経が集中している特にデリケートな部分なので、大きくゆっくり動かすことを心がけてください。

1 まっすぐに立ち、首を回す

脚を骨盤の幅に開き、手は腰に添えてまっすぐな姿勢をとります

☑ POINT
まっすぐな姿勢で

首はゆっくり大きく回す

☑ POINT
肩甲骨を少し縮める

トレーニングアドバイス

肩甲骨をやや縮めると効果が上がる

背すじを伸ばして手を腰に添えた際、肩甲骨をやや縮めると、ストレッチ効果が高まります。

chapter 2 柔軟性

動的ストレッチ[2]

肩・胸・背中周りを大きく動かす

一日のトレーニング目安	アスリート	各動作2回 2セット
	一般	各動作2回 2セット

動きの中で腕などをいろいろな方向に伸ばすことで、関節の可動域を広げるだけでなく、血液循環を促進させ、代謝もアップします。

1 腕を真横に広げ、後ろに引く

まっすぐに立ち、両腕を真横に開きます。その体勢から反動をつけて、腕を後ろに2回引きます

☑ POINT 背すじを伸ばして立つ

後ろに引く

☑ POINT 脚は骨盤の幅に開く

2 腕を左右斜め45度にして後ろに引く

次に腕の角度を変えて、同様に後ろに引きましょう

後ろに引く

☑ POINT 腕はできるだけ引く

トレーニングアドバイス

上体は決してブレないように！

上体がブレないようにまっすぐの姿勢を保ち、腕を引く際は、できるかぎり反動をつけて大きく動かしましょう。

運動能力チェック | 柔軟性 | 体幹力 | バランス力 | アジリティー | マッサージ

動的ストレッチ【3】

chapter 2 首・肩・背中周りを大きく動かす
柔軟性

一日のトレーニング目安	アスリート	5回 1セット
	一般	5回 1セット

静的ストレッチ【3】の動きに腕を引く動きを加えて、より背中へのストレッチ効果を高めています。

1 腕を肩甲骨に引きつける

直立の姿勢から両腕を肩の高さに上げます。ヒジを曲げて、腕を2回、肩甲骨へ引きつけます

2 腕を前に出して手を組み、肩を突き出す

肩甲骨を広げるように背中を丸め、ヒザもやや曲げます。腕を伸ばして組み、顔は下を向けます

✓ POINT
肩甲骨に引きつける際は、まっすぐに

✓ POINT
顔はおへそをのぞき込む

✓ POINT
両脚は骨盤の幅に開き、姿勢よく立つ

←-→ 繰り返す

✓ POINT
大きなボールを抱えるように

✓ POINT
肩甲骨を広げるイメージで背中を丸める

トレーニングアドバイス

肩甲骨をしっかり引きつけよう

左のように腕の引きがあまいと、肩甲骨が引きつけられません。

動的ストレッチ[4]

chapter 2 柔軟性
首・背中周りを大きく動かす

一日のトレーニング目安	アスリート	前・後ろ回り 3回 1セット
	一般	前・後ろ回り 3回 1セット

首と背中の血行をよくして、筋肉をほぐします。前回り、後回り、それぞれポイントをおさえて、ゆっくり大きく回してください。

1 まっすぐに立ち、指を肩の上に置く
脚は骨盤の幅に開き、姿勢よく立ちます。ヒジを曲げて、指を肩の上に置いてください

2 大きくゆっくりと回す
1の体勢から前に3周、後ろに3周、大きく動かします

POINT まっすぐ立つ

POINT 指を肩の上に置く

POINT 前に回すときは胸の前で両ヒジを合わせる

POINT 後ろに回す際は、肩甲骨を縮めるイメージ

トレーニングアドバイス
正しい動きを覚えてしっかりとストレッチを!

前に回す際はヒジを胸の前で合わせ、後ろに回すときは肩甲骨を縮めるイメージを持ちましょう。

chapter 2 柔軟性

動的ストレッチ[5]

股関節・腰周りを大きく動かす

一日のトレーニング目安	アスリート	左右 5〜10回 1セット
	一般	左右 5〜10回 1セット

腰をひねる動作を取り入れたストレッチです。わき腹の筋肉が伸びるため、野球のスイングやスローイングの動きが滑らかになる効果があります。

1 開脚して座る

脚を開いて座り、手はヒザの上に置きます

✓ POINT
背すじを伸ばす

2 上体を左右にひねり、手を床につく

1の体勢から反動をつけて、上体をひねり、手を2回床につけます。これを左右交互に繰り返してください

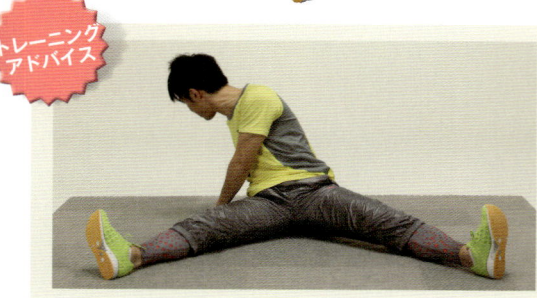

✓ POINT
手を床につく

トレーニングアドバイス

わき腹と腰の伸びを意識しよう

上体を大きくひねった際、**わき腹と腰周りの筋肉がしっかり伸びている**ことを意識しながら、取り組んでみてください。

動的ストレッチ [6]

chapter 2 柔軟性
背中・胸・腰周りを大きく動かす

一日のトレーニング目安	アスリート	左右 5〜10回 1セット
	一般	左右 5〜10回 1セット

腰をひねり、腕を高く伸ばすことで胸の筋肉を大きく伸ばします。ゆっくり、大きく動かしましょう。

1 片ヒザ立ちの姿勢をとる
片ヒザで立ち、手はヒザの上に置きます

✓ POINT 背すじを伸ばす

3 上体をおこし、腕を伸ばして胸を反らす
2の体勢から上体をおこします。腕を高く大きく伸ばして、胸を反らしてください

✓ POINT 顔は手の甲を見る

2 手を床につく
立てたヒザと逆の手を床につけます

✓ POINT 手の平は外を向ける

✓ POINT 手の平はべったりと床に

トレーニングアドバイス

腕を高く伸ばし、顔は手の甲を見る
上体をおこして胸を反らす際、**腕はしっかりと高く伸ばします**。このとき、顔は手の甲を見るようにしましょう。

運動能力チェック / 柔軟性 / 体幹力 / バランス力 / アジリティー / マッサージ

chapter 2 柔軟性

動的ストレッチ [7]

背中・腰・太ももの裏を大きく動かす

一日のトレーニング目安	アスリート	5〜10回 1セット
	一般	5〜10回 1セット

ヒザの曲げ伸ばしをしながら、ハムストリングスを伸ばすと同時に、背中や腰のストレッチを行います。手はしっかりとつま先をつかんでください。

1 つま先を手で持つ

脚は骨盤の幅に開いてヒザを曲げ、手でつま先を持ちます

2 ヒザを伸ばす

1の体勢からヒザを伸ばして、2秒キープ。この動きを繰り返します

←‑→ 繰り返す

Another Angle

トレーニングアドバイス

ポイントはつま先をしっかり持つこと

手でつま先をしっかり持つことで、ハムストリングスが十分に伸びます。つま先から手が離れないように注意しましょう。

SPORTS PERFORMANCE UP METHOD

chapter 3

KOBA式
体幹力を強化する
トレーニング

体幹力の鍛え方

スポーツの多くの動作において、まず動き出すのが、この体幹部。動作の出発点である体幹部を鍛えることで、パフォーマンスは大きく向上します。

①使っている筋肉を意識しよう

　トレーニングの際、どの筋肉が使われているかを意識しながら行ってください。そのためには、事前にストレッチで筋肉を伸ばし、刺激が入りやすい状態をつくっておきましょう。そうすることで、刺激の入る範囲も広がり、より効果の高いトレーニングを行えます。

②ドローインで腹圧を高める

　腹圧とは体幹周りの筋肉によって、おなかの内部にかかる圧力のこと。この腹圧は、大きく息を吸っておなかを膨らませ、吐きながらおなかを縮めるドローインを行うことで高められます。もし腹圧が弱いと、骨盤が傾いて姿勢が悪くなり、パフォーマンスアップにつながりません。「ドローインで腹圧を高める」ことを意識しながら、トレーニングに取り組んでみてください。

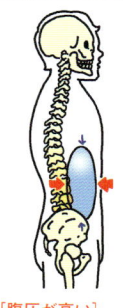

［腹圧が高い］
・おなかが凹む
・骨盤が安定（立つ）
・姿勢改善

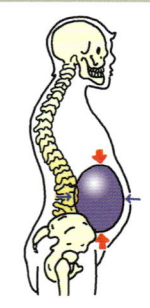

［腹圧が低い］
・おなかが出る
・骨盤が傾く
・姿勢が悪くなる

③骨盤を安定させて、トレーニングを行う

　トレーニングを行うにあたって、骨盤を安定させることが重要です。不安定な体勢で行うメニューが多い中でも、骨盤を傾けないようにきちんと固定するようにしてください。骨盤を固定して正しい体勢を維持することで体幹部にしっかりと刺激が入り、効果的なトレーニングとなるのです。

注文数	
冊	
発行所	カンゼン
著者	木場 克己
定価 1680円	
本体1600円+税5%	

プロトレーナー木場克己の **体幹パフォーマンスアップメソッド**

ISBN978-4-86255-129-0
C2075 ¥1600E

9784862551290

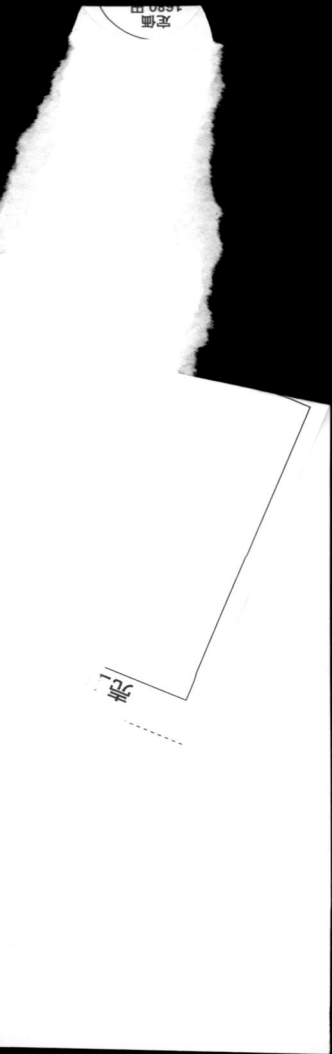

STEPを踏んで
体幹力のレベルを上げよう！

筋肉を縮めて固める感覚を磨き、
しっかり骨盤を安定させたら、
手足をはじめとする筋肉の連動性を高めていこう。

STEP I 筋肉を固める
腹部の筋肉を縮めるようにして力を入れ、「固める」感覚を養う。インナーマッスルなどの使われにくい筋肉に刺激が入り、トレーニング効果が増す。

STEP II 骨盤を安定させる
骨盤が傾かないように安定させることが、体幹力向上へのポイント。これを意識することで腹部の筋肉、脊柱起立筋や大臀筋などの筋肉に刺激が入り、姿勢の保持につながる。

STEP III 連動性を高める
上半身の筋肉と、下半身の筋肉を同時に使って、多くの筋肉を連動させるメニューをこなすことで、プレーに力強さや推進力が生まれる。

スポーツのこんな動きに効果的

走行フォームが安定する
インナーマッスルを鍛えることで骨盤が安定し、走行フォームが安定。

コンタクトプレーに強くなる
ラグビーやサッカーにおいて、当たられてもブレない体になる。

瞬発力が向上する
腸腰筋など脚を引き上げる筋肉を強化することで、脚力やジャンプ力がアップ。

chapter 3 体幹力

STEP I 筋肉を固めよう[1]

ドローインを覚える

腹直筋・腹横筋・腹斜筋・横隔膜

1 息を吸って おなかを膨らませる

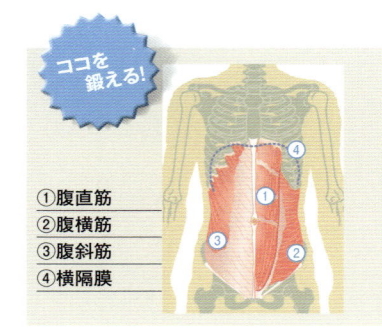

ヒザを立てた状態で、息を鼻からゆっくり大きく吸い、おなかを膨らませます

☑ **POINT**
お腹を膨らませる

☑ **POINT**
2秒かけて、吸う

ココを鍛える!

① 腹直筋
② 腹横筋
③ 腹斜筋
④ 横隔膜

66

ドローインとは大きく息を吸っておなかを凹ませることを言います。体幹周りの筋肉によって体幹部の内部から圧力（腹圧）を高め、姿勢改善や骨盤が安定するだけでなく、おなか全体の筋肉に刺激が入って体幹力の強化につながります。

一日のトレーニング目安	
アスリート	5〜10回 1セット
一般	3〜5回 1セット

★★★息を吐きながら、おなかを凹ます★★★

2 息を吐いておなかを縮める

口から息を吐き出します。骨盤を床に押しつけながらゆっくり吐くと同時におなかの筋肉を縮めます

☑ POINT
お腹を凹ませる

☑ POINT
3秒かけて息を吐く

☑ POINT
骨盤を床に押し当てる

トレーニングアドバイス

おなかの筋肉を縮めながら息を吐く

息を吐いておなかの筋肉を縮める際は、おなかと背中がくっつくくらいに、おなかを凹ませます。体幹トレーニングを行う際は常にドローインを心がけましょう。

chapter 3 体幹力

STEP I 筋肉を固めよう[2]

おなかを鍛える

腹直筋・腹斜筋

1 ヒザを立て仰向けに寝る

腕は床に置き、手の平は下に向けます。脚は骨盤の幅に開いてください

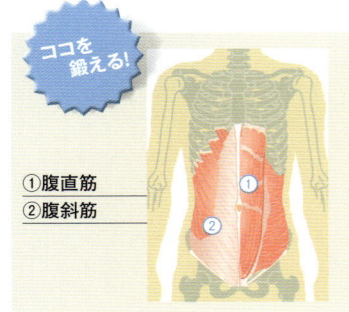

☑ **POINT**
脚は骨盤の幅に開く

☑ **POINT**
おなかを凹ませるように骨盤を床に押しつける

ドローイン

☑ **POINT**
手の平は下に向ける

繰り返す

ココを鍛える！
① 腹直筋
② 腹斜筋

動作別オススメ

走る	★★★☆☆
投げる	★☆☆☆☆
蹴る	★☆☆☆☆
跳ぶ	★★★☆☆
振る	★☆☆☆☆
回る	★☆☆☆☆
止まる	★★★☆☆

手と脚を床につけたまま上体をおこすことによって、腹直筋や腹斜筋など体幹部を支える筋肉を強化します。ボールを投げる、捕るなどの動作の動き出しや反応が向上します。ドローインをしながら行いましょう。

一日のトレーニング目安	
アスリート	10回 5セット
一般	5回 2セット

★★★おへそ周りを固め、体をおこす★★★

2 上体を浮かせ、おへそをのぞき込む

息を吐きながら、ゆっくり上体を起こして3秒キープ。3秒かけて体勢を戻し、筋肉を緩めます

この状態で3秒キープ

☑ **POINT**
目線はおへそ付近に

☑ **POINT**
息を吐き、床に骨盤を押しつける

ここを鍛える

☑ **POINT**
肩甲骨を浮かせる

トレーニングアドバイス

肩甲骨を浮かせて、おへそ周りの筋肉を固める

腹筋を縮めるように上体をおこし、おへそを中心に筋肉を固めます。このとき、頭と肩甲骨をきちんと浮かすように注意してください。

chapter 3 体幹力

STEP I 筋肉を固めよう[3]

おなかを鍛える

腹直筋・腸腰筋

1 仰向けの体勢で ヒザは軽く曲げる

手の平は下に向け、ヒザを曲げて仰向けに寝ます。このとき、筋肉は緩めておきます

☑ POINT 筋肉を緩めてリラックス

☑ POINT 両足は骨盤の幅に開く

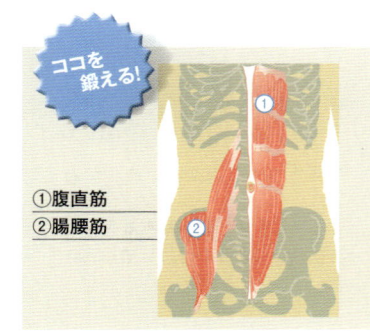

繰り返す

ココを鍛える!
① 腹直筋
② 腸腰筋

動作別オススメ
- 走る ★★★★★
- 投げる ★★☆☆☆
- 蹴る ★★☆☆☆
- 跳ぶ ★★★★☆
- 振る ★★☆☆☆
- 回る ★★☆☆☆
- 止まる ★★★★★

陸上系の種目をはじめ「走る」動作で太ももを引き上げる際、腹直筋や腸腰筋など体幹部の筋肉を使います。おなかと脚がスムーズに連動するように鍛えることで、脚を引き上げる感覚を養い、瞬発力アップや走行フォームの安定をもたらします。

一日のトレーニング目安
- アスリート　10回 3〜5セット
- 一般　5回 2セット

★★★ 手足、肩甲骨をすばやく浮かせる ★★★

2 脚、肩甲骨、腕を同時に浮かせる

息を吐き、おなかの筋肉を固めながら、脚、肩甲骨、腕をすばやく同時に引き上げます

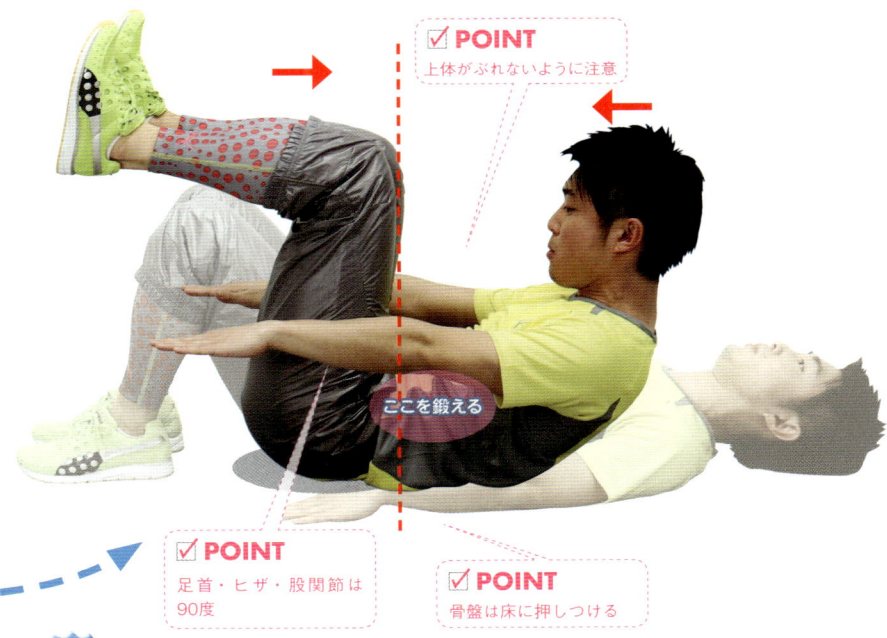

☑ POINT 上体がぶれないように注意

ここを鍛える

☑ POINT 足首・ヒザ・股関節は90度

☑ POINT 骨盤は床に押しつける

トレーニングアドバイス

上体をブラさずに瞬時に筋肉を固める

2の体勢時に、腹部の筋肉を瞬間的に固めます。**上体をおこす際はブレないように。**左のように腕、肩甲骨、脚が上がっていないと、体幹部の筋肉に負荷がかかりません。

運動能力チェック / 柔軟性 / 体幹力 / バランス力 / アジリティー / マッサージ

chapter 3 体幹力

STEP Ⅱ 骨盤を安定させよう[1]

背中・腰・お尻・太ももを鍛える

脊柱起立筋・大臀筋・大腿四頭筋・前脛骨筋

1 ヒジを立て、体はうつ伏せに

うつ伏せに寝た状態でヒジを立てます。脚は骨盤の幅に開き、つま先立ちします

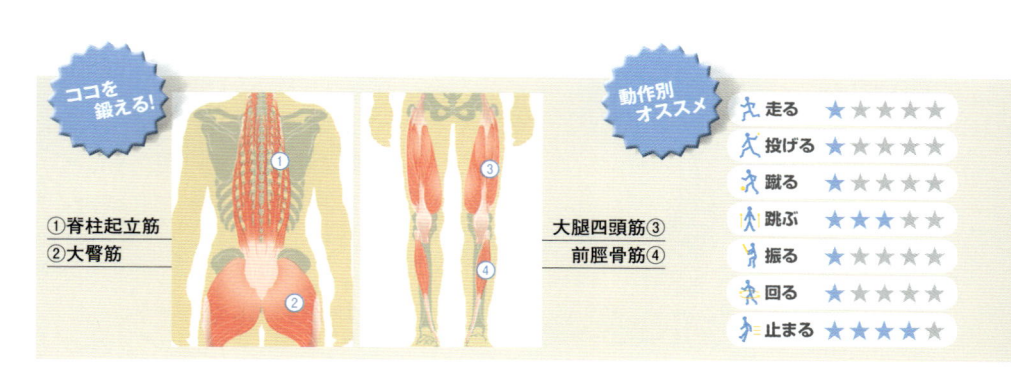

☑ POINT
首の角度は、背中のラインに合わせる

☑ POINT
脚は骨盤の幅に開く

☑ POINT
ヒジは肩の下に置く

☑ POINT
つま先を立てる

ココを鍛える!
① 脊柱起立筋
② 大臀筋
大腿四頭筋③
前脛骨筋④

動作別オススメ
- 走る ★★★★★
- 投げる ★★★★★
- 蹴る ★★★★★
- 跳ぶ ★★★★★
- 振る ★★★★★
- 回る ★★★★★
- 止まる ★★★★★

背 中から腰、お尻、太ももまでの筋肉を引きしめることで骨盤が安定し、強い軸をつくることができます。コンタクトプレーの多いスポーツでは、特に当たり負けしない体づくりが大切ですから、しっかりと取り組んでください。

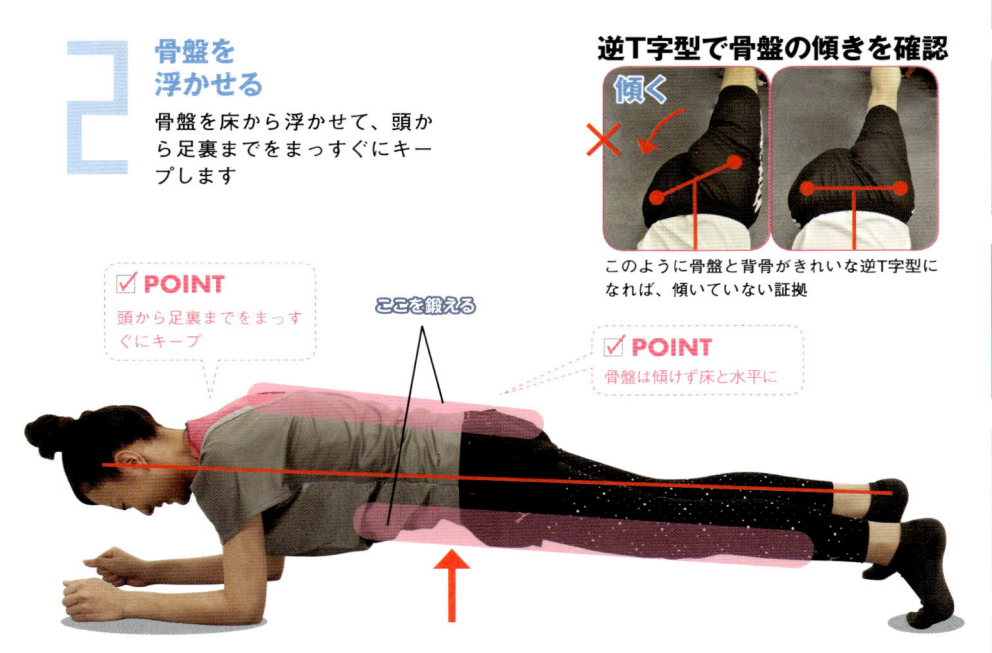

一日のトレーニング目安	
アスリート	10〜30秒 3〜5セット
一般	5〜10秒 2セット

★★★体の軸を一直線に★★★

2 骨盤を浮かせる

骨盤を床から浮かせて、頭から足裏までをまっすぐにキープします

逆T字型で骨盤の傾きを確認

傾く ×

このように骨盤と背骨がきれいな逆T字型になれば、傾いていない証拠

☑ POINT
頭から足裏までをまっすぐにキープ

ここを鍛える

☑ POINT
骨盤は傾けず床と水平に

トレーニングアドバイス

頭から足裏までを一本の棒にするイメージ

骨盤をしっかり安定させて、体をまっすぐにキープしましょう。**骨盤が上がらず、腰が反ってしまうと、骨盤の安定につながらないだけでなく、腰痛の原因になります。**

運動能力チェック / 柔軟性 / 体幹力 / バランス力 / アジリティー / マッサージ

chapter 3 体幹力

STEP II 骨盤を安定させよう[2]

わき腹・太ももの内側を鍛える

腹横筋・腹斜筋・内転筋

1 横向きの体勢でヒジを立てる

脚をまっすぐに伸ばして横向きの体勢に寝たあと、ヒジを立てて上体をおこします

✓ POINT 顔は正面を向ける

✓ POINT ヒジは肩の下に置く

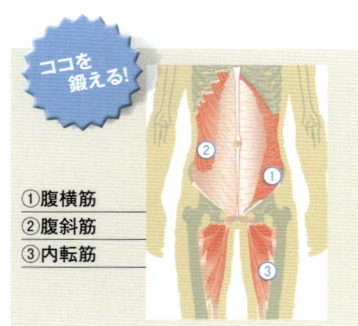

✓ POINT ヒザを伸ばして脚をそろえる

ココを鍛える!
① 腹横筋
② 腹斜筋
③ 内転筋

動作別オススメ
- 走る ★★★★★
- 投げる ★★★★☆
- 蹴る ★★☆☆☆
- 跳ぶ ★★★☆☆
- 振る ★★☆☆☆
- 回る ★★★★☆
- 止まる ★★★★☆

骨盤を引き上げて、体を一直線に保つことで軸を強化します。対人プレーに強い体をつくるだけでなく、ピッチングやスキーなど投げる、回るといった体の軸を使う動作が含まれるスポーツ競技で、パフォーマンスアップします。

一日のトレーニング目安	
アスリート	左右 **10〜20**秒 3〜5セット
一般	左右 **5〜10**秒 2セット

★★★骨盤をまっすぐにキープ★★★

2 骨盤を持ち上げる

骨盤を真上に持ち上げて、この体勢をキープします

✓ POINT 頭から足裏までを一直線に

✓ POINT 骨盤を傾けない

ここを鍛える
ここを鍛える

✓ POINT 片手で体全体を支えるので、体幹部に刺激が入る

✓ POINT 骨盤を浮かせる

トレーニングアドバイス

○ ✕

骨盤と背中を意識して体を一直線に

このように骨盤が傾き、体のラインがくの字になると腰を痛める原因となります。**頭から足裏までのラインを一本の棒のように**することで、ブレにくい体の軸をつくることができます。

運動能力チェック / 柔軟性 / 体幹力 / バランス力 / アジリティー / マッサージ

chapter 3 体幹力

STEP Ⅱ 骨盤を安定させよう[3]

おなか・お尻・太ももの前を鍛える

脊柱起立筋・大臀筋・ハムストリングス

1 仰向けに寝てヒザを曲げる

腕を45度くらいに開き、仰向けに寝ます。両脚は骨盤の幅に。ヒザは90度くらいに曲げます

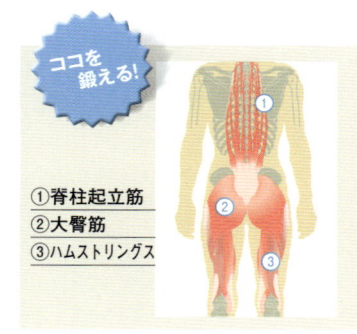

POINT
ヒザは90度くらいに曲げる

ココを鍛える!
①脊柱起立筋
②大臀筋
③ハムストリングス

動作別オススメ
走る ★★★★★
投げる ★★★★★
蹴る ★★★★★
跳ぶ ★★★★★
振る ★★★★★
回る ★★★★★
止まる ★★★★★

背中からヒザまで一直線のラインをつくり、体幹を鍛えます。特に背中の筋力を高める脊柱起立筋を強くすることで、骨盤の安定と体軸の強化につながります。サッカーやラグビー、格闘技などでタックルをされても体がブレないようになります。

一日のトレーニング目安	
アスリート	10〜20秒 3〜5セット
一般	5〜10秒 2セット

★★★背中で支えるイメージを持つ★★★

2 骨盤を持ち上げる

1の体勢から骨盤を持ち上げ、肩からヒザを一直線にしてキープ。骨盤は傾かないように注意しましょう

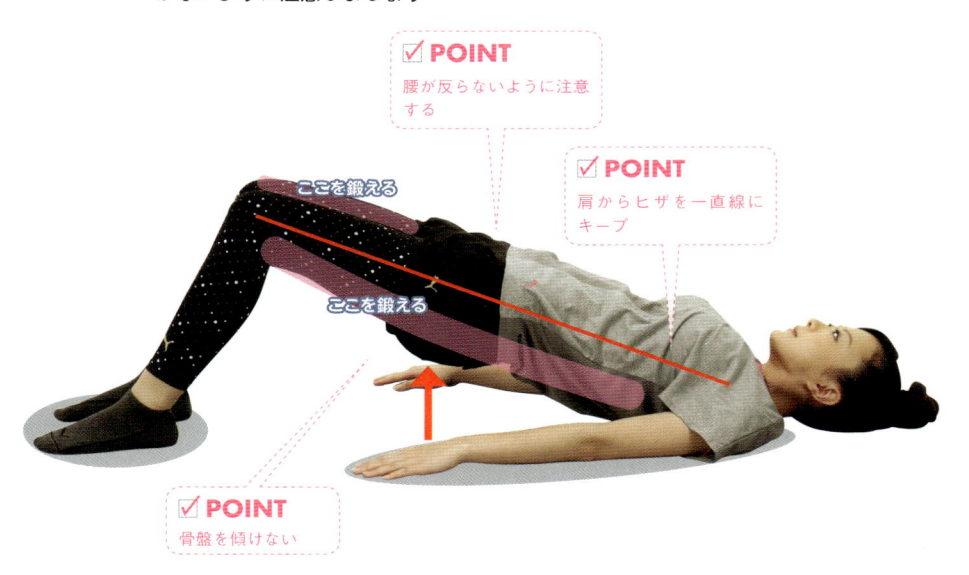

☑ **POINT**
腰が反らないように注意する

☑ **POINT**
肩からヒザを一直線にキープ

ここを鍛える
ここを鍛える

☑ **POINT**
骨盤を傾けない

トレーニングアドバイス

✕ 骨盤の位置に気をつけてまっすぐなラインを

骨盤を持ち上げた際、肩からヒザをまっすぐにキープしてください。骨盤が傾かないように、おなか、背中、太ももの筋肉で安定させましょう。

運動能力チェック / 柔軟性 / 体幹力 / バランス力 / アジリティー / マッサージ

chapter 3 体幹力

STEP II 骨盤を安定させよう[4]

背中・お尻を鍛える

広背筋・大臀筋

1 四つんばいの姿勢をとる

手は肩幅、脚は骨盤の幅に開き、四つんばいになります。背すじは伸ばして骨盤を安定させます

背骨と骨盤が逆T字型に

☑ **POINT** 骨盤を安定させる

☑ **POINT** 手は肩の下に置く

☑ **POINT** つま先は立てる

繰り返す

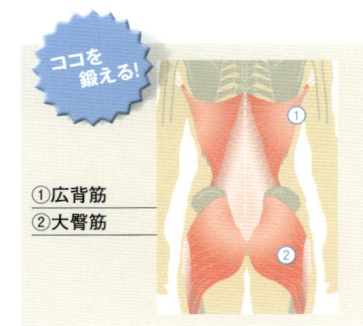

ココを鍛える!
① 広背筋
② 大臀筋

動作別オススメ
- 走る ★★★★★
- 投げる ★★★★★
- 蹴る ★★★★★
- 跳ぶ ★★★★★
- 振る ★★★★★
- 回る ★★★★★
- 止まる ★★★★★

主に背中、お尻周りの筋肉を強化して、骨盤の安定をはかります。軸足が強化されるメニューのため、特に野球のバッティングや投球動作、陸上競技や走る動作に大切な脚の踏み込みが鋭くなります。

一日のトレーニング目安
アスリート	左右 **10～20**回 2～5セット
一般	左右 **5～10**回 2セット

★★★骨盤を床と水平に保つ★★★

2 ヒザを持ち上げる

どちらかの脚のヒザを骨盤が傾かない程度に持ち上げ、3秒キープ。一旦脚を下ろします

☑ **POINT**
骨盤が傾かない程度に持ち上げる

ここを鍛える

☑ **POINT**
3秒キープしてから、下ろす

トレーニングアドバイス

○　　×

脚の上げすぎに注意！

骨盤の安定が目的のトレーニングです。このように脚を上げすぎず、体がブレたり、骨盤が傾かないように気を付けてください。

chapter **3** 体幹力

STEP **Ⅱ** 骨盤を安定させよう [5]

おなかの前を鍛える

腹直筋・腸腰筋・大腿四頭筋

1 ヒジと片ヒザを立て仰向けに寝て、ドローインする

仰向けで上体をおこし、ドローイン。
息を吐きながら、おなかの筋肉を固め、
骨盤を安定した状態にします

☑ POINT
息を吐きながら、おなかを固める

ドローイン

☑ POINT
つま先を上に向ける

☑ POINT
ヒジを立てて上体をおこす

繰り返す

ココを鍛える！
① 腹直筋
② 腸腰筋

大腿四頭筋

動作別オススメ
走る ★★★★★
投げる ★★★★★
蹴る ★★★★★
跳ぶ ★★★★★
振る ★★★★★
回る ★★★★★
止まる ★★★★★

ドローインをしながら、おなか周りの筋肉を鍛えていきます。ドローインの状態に太ももを引き上げる脚の動きを加えることで脚力アップにもなります。さらに骨盤が安定するため、バランスのとれたフォームで走ることができます。

一日のトレーニング目安	
アスリート	左右 10〜30回 3〜5セット
一般	左右 5〜10回 2セット

★★★ドローインをした状態から脚を上げる★★★

2 伸ばした脚をヒザの高さまで上げる

1の状態から伸ばした脚をヒザの高さまで上げ、3秒キープ。一旦下ろし、腹筋を緩めます

3秒キープ

☑ POINT 脚はヒザの高さまで

ここを鍛える

☑ POINT 骨盤を床に押しつける

トレーニングアドバイス

ドローインしながら行うことが重要

ドローインの状態で、トレーニングを行うことで効果が高まります。まずはドローインを正しく覚えましょう。伸ばした脚をヒザの高さまで上げる際は、**腰が反らないように**注意してください。

chapter 3 体幹力

STEP II 骨盤を安定させよう [6]

おなか・太ももを鍛える

腹直筋・腹横筋・腹斜筋・腸腰筋・大腿四頭筋

1 仰向けの姿勢から上体をおこし、おなかに手を置く

仰向けの姿勢から上体をおこします。息を吐きながらドローインを行って、おなかを固めます

POINT ドローインをして、おなかを固め骨盤を安定させる

POINT つま先を上に向ける

POINT 脚は骨盤の幅に開く

繰り返す

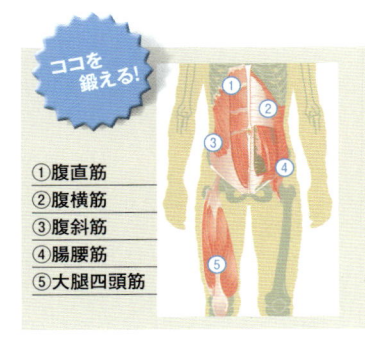

ココを鍛える!
① 腹直筋
② 腹横筋
③ 腹斜筋
④ 腸腰筋
⑤ 大腿四頭筋

動作別オススメ
走る ★★★★★
投げる ★★★★★
蹴る ★★★★★
跳ぶ ★★★★★
振る ★★★★★
回る ★★★★★
止まる ★★★★★

おなか周り、太もも周りを同時に強化します。骨盤が安定するだけでなく筋肉の連動性を高めます。走力やジャンプ力のアップ、キック力が高まる、ターンのスピードが増すなど、さまざまな効果が得られます。

一日のトレーニング目安	
アスリート	10〜30回 3〜5セット
一般	5〜10回 2セット

★★★骨盤を床に押し当てる★★★

2 脚を45度に持ち上げる

1の体勢のまま、両脚を持ち上げて3秒キープ。その後、脚を下ろして、おなかを緩めます

☑ POINT 脚を持ち上げる角度は45度、両脚はそろえる

3秒キープ

ここを鍛える

☑ POINT 太もも前の筋肉も固めることを忘れずに

☑ POINT 背中を反らさずに、骨盤を床に押しつける

トレーニングアドバイス

脚を上げる際は、おへそ周辺の筋肉を固める

息を吐きながらおなかを凹ませ、おへそ周辺の筋肉が固くなったことを確認してから、脚を上げます。**腰は反らさずに、骨盤を床にきちんと押しつけてください。**

運動能力チェック｜柔軟性｜体幹力｜バランス力｜アジリティー｜マッサージ

chapter 3 体幹力

STEP Ⅲ 連動性を高めよう [1]

おなかの前を鍛える

腹直筋・腸腰筋

1 両ヒジをついて、ヒザを立てる

ヒジを両肩の下について、ヒザを立てます

☑ POINT ヒジは肩幅に開き、肩の下に置く

☑ POINT 骨盤は床に押しつける

2 片脚を床と平行に上げる

どちらかの脚を床と平行に上げて、息を吐きながら、おなかの筋肉を固めます

☑ POINT 脚は床と平行に上げる

☑ POINT ドローインを行う

☑ POINT アゴをひく

☑ POINT おへその高さに引き上げる

ココを鍛える!
① 腹直筋
② 腸腰筋

動作別オススメ
- 走る ★★★☆☆
- 投げる ★★★★☆
- 蹴る ★★★☆☆
- 跳ぶ ★★★★☆
- 振る ★★☆☆☆
- 回る ★★☆☆☆
- 止まる ★★★☆☆

脚の引きつけ動作によって、主に股関節周辺の筋肉に刺激を加えていきます。おなかの筋肉を収縮させながら行うことで、おなかと脚の筋肉の連動性が高まり、一歩目の動き出しやストップからのターン動作がすばやくなります。

一日のトレーニング目安	
アスリート	左右 10〜30回 3〜5セット
一般	左右 5〜10回 2セット

★★★おなかの筋肉を縮め、ヒザを引きつける★★★

3 2の状態で、ヒザを上体に引きつける

ヒザをまっすぐ、上体に引きつけます

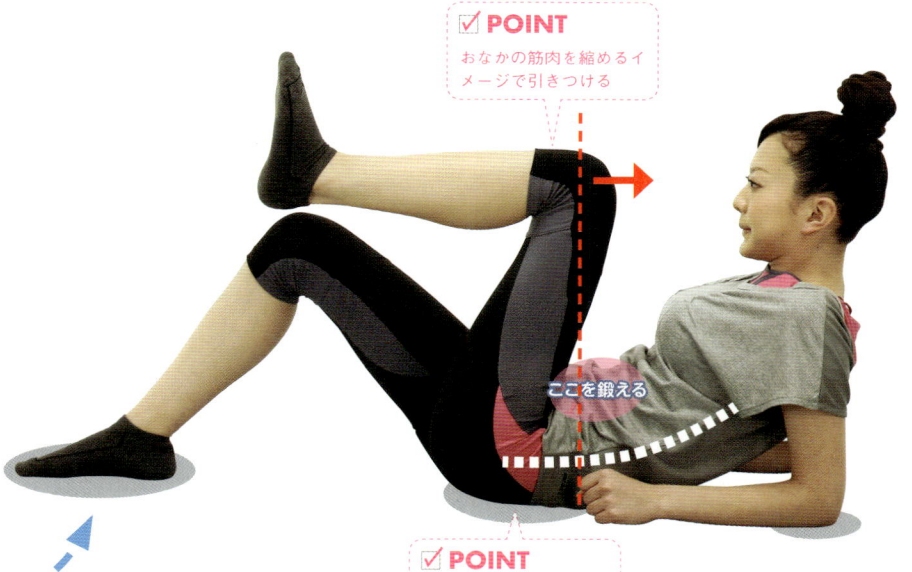

✓ POINT
おなかの筋肉を縮めるイメージで引きつける

ここを鍛える

✓ POINT
骨盤は常に床に押しつける

繰り返す

トレーニングアドバイス

常に骨盤は床に押しつけておこう

ヒザを引きつける際はおなかを固めてから。疲れてくると、背中を反らせて、楽な姿勢をとりがち。これでは腹筋への効果がなく腰にも負担がかかります。常に骨盤を床に押しつけるようにします。

chapter 3 体幹力

STEP Ⅲ 連動性を高めよう [2]

おなかの前を鍛える

腹直筋・腸腰筋・大腿四頭筋

1 仰向けで上体をおこし、おなかをドローイン

片ヒザを立て、ヒジで支えて上体をおこします。このときドローインをして、おなかを固めます

✓ POINT おなか周りの筋肉を固める

✓ POINT ヒジは肩の下に置く

2 脚をヒザの高さまで上げる

おなか周りの筋肉を固めたまま、伸ばした脚をヒザの高さまで上げます

✓ POINT 脚はヒザの高さまで上げる

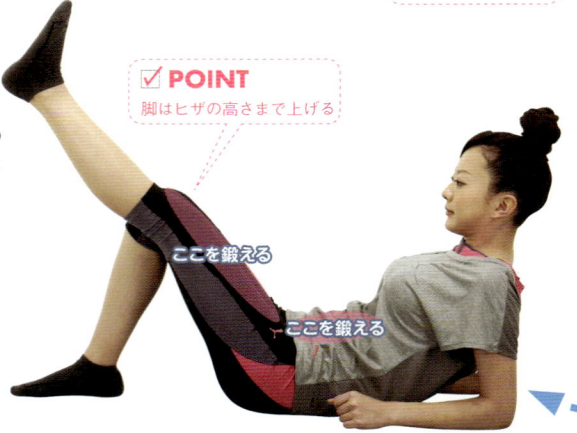

ここを鍛える
ここを鍛える

ココを鍛える!

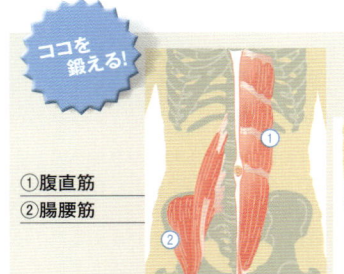

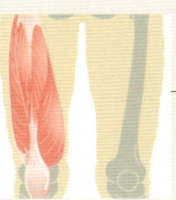

① 腹直筋
② 腸腰筋

大腿四頭筋

動作別オススメ

走る	★★★★★
投げる	★★★★★
蹴る	★★★★★
跳ぶ	★★★★★
振る	★★★★★
回る	★★★★★
止まる	★★★★★

ドローインをしながら、脚の上下運動を繰り返すことで、腸腰筋と腹直筋の連動性を高めます。脚の引き上げと密接に関係している腸腰筋を鍛えることで、走力アップやキック力の強化につながります。

一日のトレーニング目安	
アスリート	左右 **10～30**回 3～5セット
一般	左右 **5～10**回 2セット

★★★ドローインをして、脚は浮かせたまま上下運動★★★

ヨ 脚を床につけずに、ゆっくりと下げる

ヒザの高さまで上げた脚を床につけないようにゆっくりと下げます。骨盤は常に床に押しつけます

✓ POINT
下ろした脚は床につけない

ここを鍛える

浮かす

▼ 繰り返す

✓ POINT
骨盤は床に押しつける

トレーニングアドバイス

骨盤を床に押しつけて脚の上下運動は正確に

脚の上下運動をする際は、おなかを固めて行ってください。**骨盤は床に押しつけて、傾かないように。**ゆっくりでいいので脚をきちんとヒザの高さまで上げてから、床につけずに下ろしてください。

chapter 3 体幹力

STEP Ⅲ 連動性を高めよう [3]

おなかを鍛える

腹斜筋・腹横筋・腸腰筋

1 手は頭の後ろ 片ヒザを立てて仰向けに

どちらかの手を後頭部に置き、一方の手は横に伸ばします。逆側の脚はヒザを立てて仰向けの体勢をとります

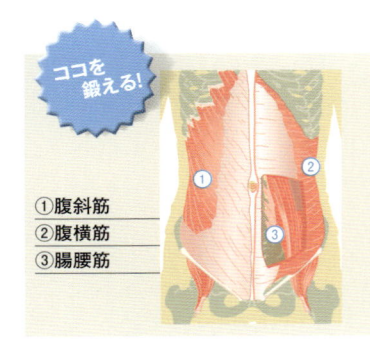

☑ POINT ヒザは90度に曲げる

☑ POINT つま先を立てる

☑ POINT 手は後頭部の下

☑ POINT もう片方の手は真横に伸ばす

ココを鍛える!
① 腹斜筋
② 腹横筋
③ 腸腰筋

動作別オススメ

- 走る ★★★★☆
- 投げる ★★★★☆
- 蹴る ★★★★☆
- 跳ぶ ★★★★☆
- 振る ★★★☆☆
- 回る ★★★★☆
- 止まる ★★★☆☆

体のひねりが滑らかになるため、投げる、蹴る、振る、回る動作が入っているスポーツ競技にオススメです。また動き出しや、ターンのスピードが向上するなどの効果が得られる実戦的なメニューです。

一日のトレーニング目安	
アスリート	左右 **8～10**回 3セット
一般	左右 **5～8**回 2セット

★★★腹筋で上体をおこしてひねる★★★

2 ヒジとヒザをすばやく合わせる

脚をおへその上に引きつけてから、すばやく上体をおこして、ヒジとヒザを合わせます

✓ POINT おへその上で合わせる

ここを鍛える

✓ POINT 骨盤が浮かないように

繰り返す

トレーニングアドバイス

おへその上でヒジとヒザを合わせる

しっかりと腹筋を使って、ヒジとヒザはおへその上で合わせるようにしてください。左のように、ヒジとヒザが離れていると効果がありません。

運動能力チェック / 柔軟性 / 体幹力 / バランス力 / アジリティー / マッサージ

chapter 3
体幹力

STEP Ⅲ 連動性を高めよう [4]

おなか・お尻・太ももを鍛える

脊柱起立筋・腹直筋・大臀筋・大腿四頭筋・ハムストリングス

1 両ヒザを立てて、仰向けに寝る

腕は45度に開き、両ヒザを90度に曲げて仰向けに寝ます

POINT 手の平は下に向ける

POINT 背中はまっすぐ

2 骨盤を持ち上げて、背中を浮かせる

肩を支点にヒザから首が一直線になるように骨盤を上げます

POINT 骨盤を安定させる

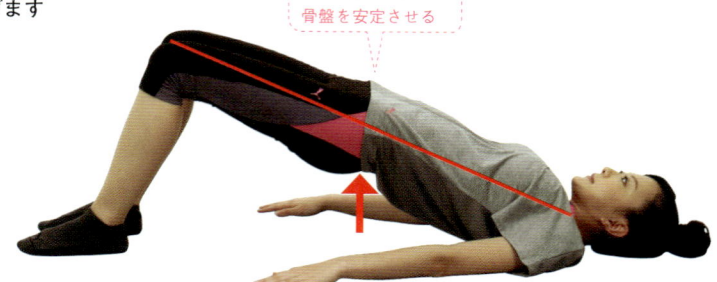

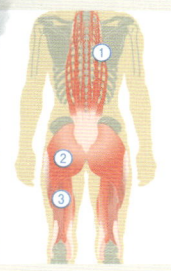

ココを鍛える!
① 脊柱起立筋 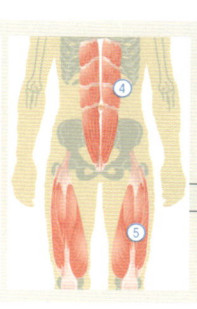
② 大臀筋
③ ハムストリングス

腹直筋④
大腿四頭筋⑤

動作別オススメ
- 走る ★★★★☆
- 投げる ★★☆☆☆
- 蹴る ★★★★☆
- 跳ぶ ★★★★☆
- 振る ★★☆☆☆
- 回る ★★★☆☆
- 止まる ★★★★☆

P76の動きに、脚を上げる動きが加わった負荷の高いメニュー。複数の筋肉を同時に鍛えることで体幹のバランス力もアップします。反転スピードの向上、体の軸の強化、当たり負けしない強い体になるなど、多くの効果が望めます。

一日のトレーニング目安	
アスリート	左右 5〜10秒 3〜5セット
一般	左右 3〜5秒 2セット

★★★骨盤を安定させ、背中で支える★★★

ヨ どちらかの脚をヒザの高さに上げる

骨盤が安定してから片方の脚をヒザの高さまで上げ、まっすぐに伸ばしキープします

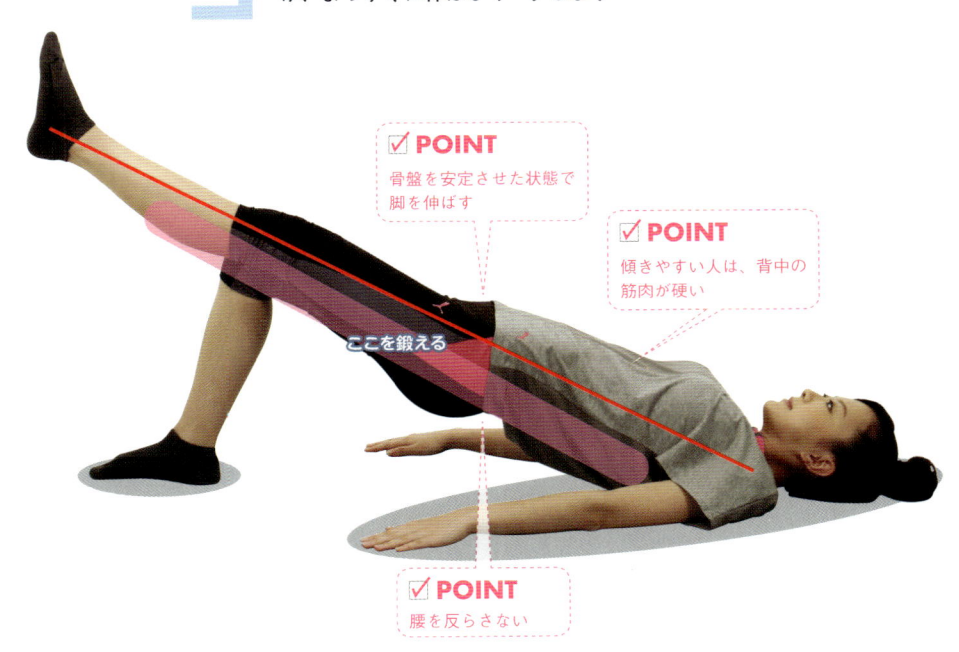

✓ POINT
骨盤を安定させた状態で脚を伸ばす

✓ POINT
傾きやすい人は、背中の筋肉が硬い

ここを鍛える

✓ POINT
腰を反らさない

トレーニングアドバイス

骨盤を水平に保ち体を一本のラインに

脚を上げる前に必ずおなかと太ももの筋肉で骨盤を水平に保ち、安定させます。その状態から脚を伸ばして、つま先から肩まで一直線にキープ。バランスをとり、体がブレないようにしてください。

運動能力チェック / 柔軟性 / 体幹力 / バランス力 / アジリティー / マッサージ

chapter 3
体幹力

STEP Ⅲ 連動性を高めよう[5]

背中・腰・お尻 太ももの内側を鍛える

脊柱起立筋・広背筋・大臀筋・ハムストリングス

1 四つんばいの体勢に

両手は肩の下に置き、両脚は骨盤の幅に開きます。骨盤が傾かないようにまっすぐに保ちます

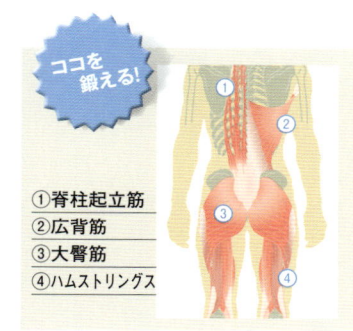

✓ POINT 骨盤はまっすぐ安定

✓ POINT 手は肩の真下に置く

✓ POINT 脚は骨盤の幅に開く

繰り返す

ココを鍛える!
① 脊柱起立筋
② 広背筋
③ 大臀筋
④ ハムストリングス

動作別オススメ
走る ★★★☆☆
投げる ★★★★☆
蹴る ★★☆☆☆
跳ぶ ★★★☆☆
振る ★★★★☆
回る ★★★★☆
止まる ★★☆☆☆

背中から太ももまで、上半身と下半身の連動性を高めます。片腕と片ヒザで体を支えながらバランスをとる動きが入っているため、体全体の筋力アップにつながります。他にも、姿勢改善や腰痛予防の効果があります。

一日のトレーニング目安	
アスリート	左右 **10〜20**回 3〜5セット
一般	左右 **5〜10**回 2セット

★★★ 手足はすばやく、まっすぐに伸ばす ★★★

2 骨盤を固定したまま、腕と脚をすばやく伸ばす

1の体勢から、対角となる手足を同時にすばやく伸ばします。体のラインは一直線になるように

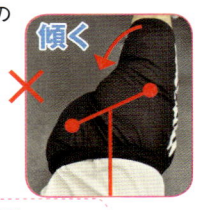

傾く ×

POINT 腕と脚をまっすぐに伸ばす

POINT 骨盤を傾けないように安定させる

POINT 腕は耳の高さ

ここを鍛える

POINT 体がブレないように腕とヒザで上体を支える

トレーニングアドバイス

骨盤が傾かないように体勢をキープ

骨盤を固定して、体がブレないように**指先からつま先を一直線にキープ**してください。背骨と骨盤が逆T字になるように。脚やお尻を上げすぎると、骨盤や背中が傾いてしまうので要注意。

運動能力チェック / 柔軟性 / 体幹力 / バランス力 / アジリティー / マッサージ

chapter 3 体幹力

STEP Ⅲ 連動性を高めよう [6]

おなかの横を鍛える

脊柱起立筋・腹横筋・中臀筋

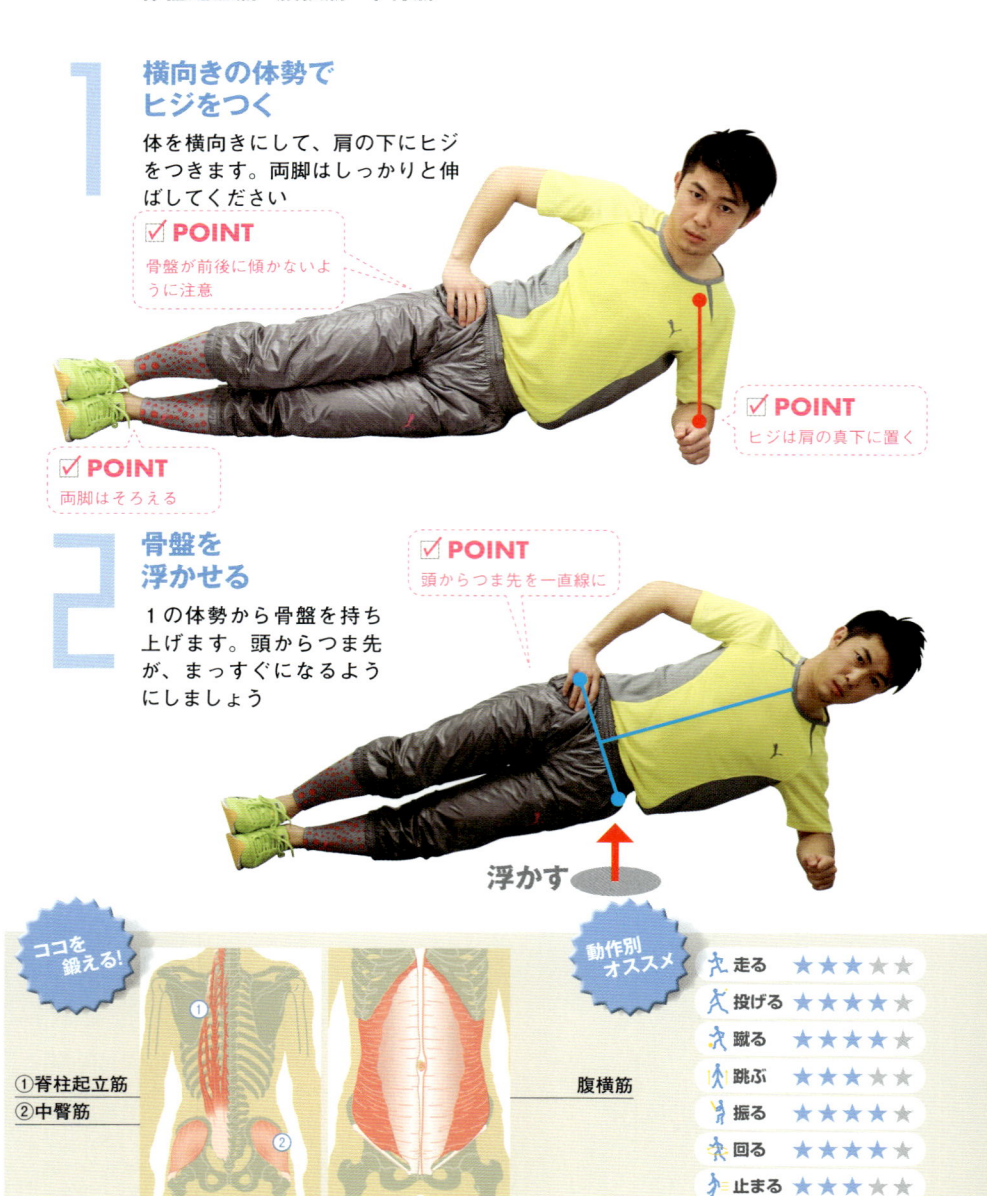

1 横向きの体勢でヒジをつく

体を横向きにして、肩の下にヒジをつきます。両脚はしっかりと伸ばしてください

☑ **POINT**
骨盤が前後に傾かないように注意

☑ **POINT**
ヒジは肩の真下に置く

☑ **POINT**
両脚はそろえる

2 骨盤を浮かせる

1の体勢から骨盤を持ち上げます。頭からつま先が、まっすぐになるようにしましょう

☑ **POINT**
頭からつま先を一直線に

浮かす

ココを鍛える!
① 脊柱起立筋
② 中臀筋
腹横筋

動作別オススメ
走る ★★★☆☆
投げる ★★★★☆
蹴る ★★★★☆
跳ぶ ★★★★☆
振る ★★★☆☆
回る ★★★★☆
止まる ★★★★☆

94

主に背中の脊柱起立筋や、おなかの側面の腹横筋に刺激を入れます。片方の腕を前に伸ばしながら骨盤を持ち上げるため、骨盤の安定性が向上するだけでなく、体全体のバランスや軸足の強化をはかることができます。

一日のトレーニング目安	
アスリート	左右 **10〜20**回 3〜5セット
一般	左右 **5〜10**回 2セット

★★★ヒジで支え、おなかの横で持ち上げる★★★

3 腕をまっすぐ正面に伸ばす

上の腕を正面にまっすぐ伸ばしてキープします。1から3の動きを繰り返します

☑ POINT
手を伸ばした不安定な状態をつくり、骨盤はブレないように

ここを鍛える

トレーニングアドバイス

❌

骨盤を安定させる

腕を前に出して、あえて体が不安定になりやすい状況をつくります。そこで体を一直線に骨盤が傾かないように固定することで、骨盤の安定性が向上し、体のバランス強化や軸の強化につながります。

運動能力チェック / 柔軟性 / 体幹力 / バランス力 / アジリティー / マッサージ

| chapter 3 体幹力 | STEP Ⅲ 連動性を高めよう [7] |

背中・お尻・太ももを鍛える

脊柱起立筋・僧帽筋・広背筋・大臀筋・ハムストリングス

1 四つんばいになる

腕は肩幅、脚は骨盤の幅に開き、四つんばいの体勢になります。上体を一直線にしてキープ

✓ POINT 手は肩の下に置く

✓ POINT つま先を立てる

✓ POINT 軽くおなかを凹ませて、骨盤が傾かないように固定

2 伸ばした腕と、逆脚をおへその位置に引きつける

伸ばした腕と逆の脚を引きつけ、ヒジとヒザを合わせます。引きつける脚は床から浮かせます

✓ POINT 腹筋を締めるように

ここを鍛える

繰り返す

✓ POINT 脚は浮かせる

✓ POINT ヒジとヒザはおへその位置で合わせる

ココを鍛える!
① 脊柱起立筋
② 僧帽筋
③ 広背筋
④ 大臀筋
⑤ ハムストリングス

動作別オススメ
- 走る ★★★★☆
- 投げる ★★★★☆
- 蹴る ★★☆☆☆
- 跳ぶ ★★★★☆
- 振る ★★☆☆☆
- 回る ★★★☆☆
- 止まる ★★★☆☆

腕と脚の伸縮動作を繰り返すことで、体幹部全体の連動性とバランス力が高まり、走る・跳ぶ・投げるといった動きがより向上します。走りが速くなる、高く跳ぶ、瞬発力が高まる、野球であればコントロールがアップするなどの効果があります。

一日のトレーニング目安	
アスリート	左右 **8〜15回** 3〜5セット
一般	左右 **5〜8回** 2セット

★★★腕とヒザで体のブレを抑える★★★

3 引きつけた腕と脚をすばやく伸ばす

おへその位置まで引きつけた腕と脚を
すばやく、まっすぐに伸ばします

☑ POINT
腕と脚はすばやく、まっすぐに伸ばす

ここを鍛える

☑ POINT
骨盤が傾かないように腕とヒザで支える

運動能力チェック / 柔軟性 / 体幹力 / バランス力 / アジリティー / マッサージ

トレーニングアドバイス

一直線に伸ばす際は骨盤が傾かないように

指先から足先までまっすぐに伸ばしましょう。骨盤が前後に傾くと、一直線にならず体幹トレーニングの効果がありません。伸ばす際は、支えている脚と太ももでしっかり体がブレないようにしてください。

chapter 3 体幹力

STEP Ⅲ 連動性を高めよう [8]

おなか・お尻を鍛える

広背筋・大臀筋

ココを鍛える！ 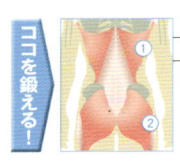
- 広背筋 ①
- 大臀筋 ②

一日のトレーニング目安	
アスリート	左右 10〜20回 3〜5セット
一般	左右 5〜8回 2セット

骨盤が安定して、軸足も強化されるメニューです。相手に当たられても簡単に倒れない、バランスのとれた強い体をつくります。

★★★ 腕、ヒザ、つま先で支える ★★★

1 四つんばいの体勢になる

背すじを伸ばし、四つんばいの体勢をとります

POINT 骨盤を安定させる

POINT 脚は骨盤の幅に開き、つま先を立てる

POINT 手は肩の下

POINT 骨盤が傾かないように

ここを鍛える

繰り返す

2 片脚を上げる

どちらかの脚を2秒かけて骨盤が傾かない位置まで上げ、同じく2秒かけて、1の体勢に戻します

トレーニングアドバイス

骨盤が傾かないように注意

脚を上げすぎたり、下げすぎると体がブレてしまいます。骨盤が傾かない位置まで脚を上げましょう。

動作別オススメ

走る	★★★★★
投げる	★★★★★
蹴る	★★★★★
跳ぶ	★★★★★
振る	★★★★★
回る	★★★★★
止まる	★★★★★

SPORTS PERFORMANCE UP METHOD

chapter 4

KOBA式 バランス力を強化するトレーニング

バランス力の鍛え方

しっかりとした強い軸をつくり、ブレない体をつくることがバランス力強化の目的です。軸のブレないカラダはフォームを安定させ、プレーの精度を高めます。

① しっかりとした軸をつくる

片脚で立った姿勢など、このchapterで紹介しているメニューは、不安定な体勢で行うものがほとんどです。このとき、「背すじを伸ばす」「上体がブレないようにする」など、体の軸がまっすぐになるように意識して行いましょう。この意識を持つことが、バランス力の向上につながります。

② 筋肉を目覚めさせることがポイント

「眠った筋肉」を呼び起こす意識が、バランス力向上の重要なポイント。表面の大きな筋肉だけでなく、普段は意識的に使われないインナーマッスルなど、多くの筋肉を総動員することで、バランス力は高まるからです。だからこそ、この使われていない筋肉を呼び起こすことを意識して取り組んでください。最初は難しいかもしれませんが、この意識が、あなたのバランス力を大きく高めてくれます。

③ チューブは臀部の筋肉を意識

STEPⅣでは、チューブを使ったトレーニングを紹介しています。このチューブをヒザや足首に巻き、バランスをとりながら引っ張ることで、主にお尻の筋肉を鍛えられます。臀部の筋肉は骨盤を支えているため、まっすぐな姿勢を維持するのに大きな役割を果たします。お尻の筋肉を意識しながら、トレーニングに取り組むことで、バランス力アップに必要な正しい姿勢を身につけられるのです。

STEPを踏んで
バランス力のレベルを上げよう！

体にかける負荷のレベルを徐々に上げていくことで、バランス力の向上を目指そう。

STEP I 軸足のバランス強化
軸足の強化はバランス力アップの基礎。上体を片脚で支えるメニューをこなし、使われていない筋肉を呼び起こそう。

STEP II 両足でバランス強化
軸足のバランス強化よりも、さらに負荷がかかる。骨盤を安定させ、上体を固定することが大きなポイントだ。

STEP III 体全体を使ったバランス強化
上体を深く前に倒したり、不安定な体勢でヒザの曲げ伸ばしを繰り返すなど、さらに負荷のかかるトレーニングが用意されている。

STEP IV チューブを使ったバランス強化
チューブを使うことで、関節や腱の周りの固有受容器、さらには筋肉にもより刺激が入り、高いトレーニング効果を得られる。

スポーツのこんな動きに効果的

パスミスが減る
軸足が強化されることで、上体を支える力が高まり、パスやキックの精度が向上。

スイングが安定する
上体を支える力の高まりは、ゴルフや野球のスイングに安定感をもたらす。

反転や動き出しのスピードが上がる
バランス力が高まり、体の軸が安定すると、反転や動き出しのスピードが上がる。

chapter 4 バランス力

STEP I 軸足のバランス強化 [1]

おなか・お尻・脚で支える

腸腰筋・大臀筋・中臀筋

1 腕を真横に広げ、まっすぐに立つ

脚を骨盤の幅に開き、腕を床と水平に上げ、背すじを伸ばして立ちます

☑ POINT 背すじを伸ばす

☑ POINT 脚は骨盤の幅

ココを鍛える!
① 大臀筋
② 中臀筋

腸腰筋

動作別オススメ
- 走る ★★★★★
- 投げる ★★★★★
- 蹴る ★★★★★
- 跳ぶ ★★★★★
- 振る ★★★★★
- 回る ★★★★★
- 止まる ★★★★★

片 ヒザを上げた体勢でバランスをとり、軸足を強化するメニューです。上体がブレないように、おなかやお尻の筋肉で支える意識を持つと、走行フォームの安定やスピードのアップ、ジャンプ力の強化につながります。

一日のトレーニング目安	
アスリート	左右 10〜20秒 3〜5セット
一般	左右 5〜10秒 2セット

★★★ 体を美しい十字にキープ ★★★

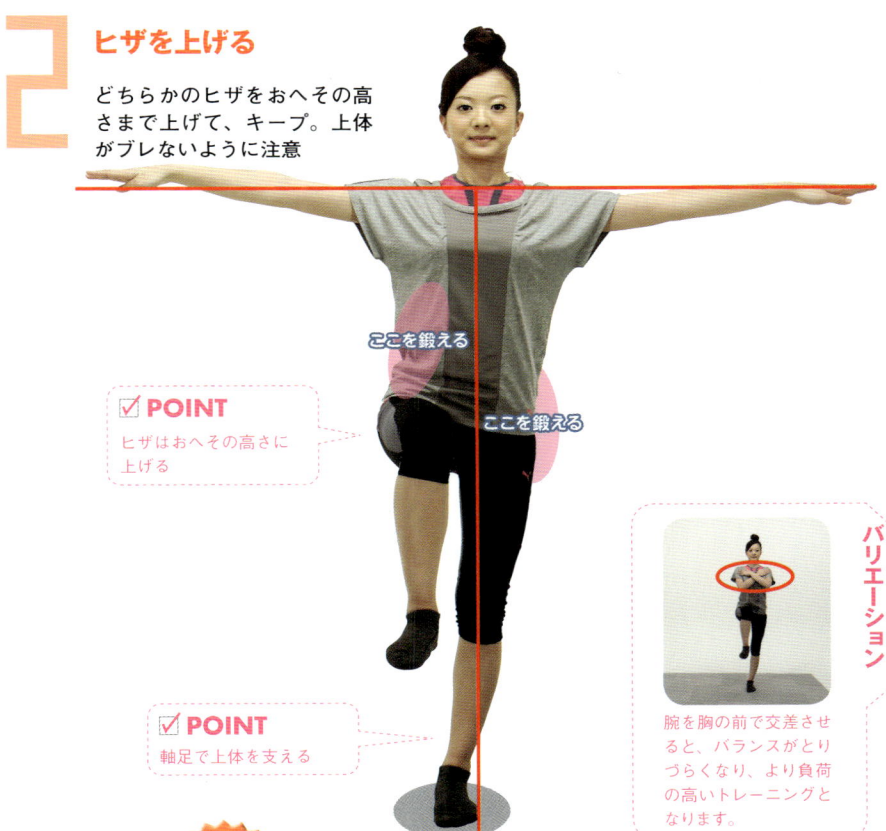

2 ヒザを上げる

どちらかのヒザをおへその高さまで上げて、キープ。上体がブレないように注意

ここを鍛える

ここを鍛える

☑ POINT
ヒザはおへその高さに上げる

☑ POINT
軸足で上体を支える

バリエーション
腕を胸の前で交差させると、バランスがとりづらくなり、より負荷の高いトレーニングとなります。

トレーニングアドバイス

背すじをまっすぐ ヒザはおへその高さに

ヒザはおへその高さに上げ90度をキープ。足首も90度を保ってください。背すじはまっすぐに伸ばして、骨盤を安定させます。

運動能力チェック / 柔軟性 / 体幹力 / バランス力 / アジリティー / マッサージ

chapter 4 バランス力

STEP I 軸足のバランス強化 [2]

おなか・背中・お尻・脚で支える

脊柱起立筋・広背筋・腸腰筋・大臀筋・中臀筋

1 片ヒザ立ちで3秒キープ
背すじを伸ばして立ち、どちらかのヒザをおへその高さまで引き上げます

2 両手でヒザを抱える
背すじはまっすぐのまま、両手でヒザを抱えます

3秒キープ

POINT 背すじはまっすぐに

POINT ヒザはおへその高さに引き上げる

POINT しっかりヒザを抱える

ココを鍛える！
① 脊柱起立筋
② 広背筋
③ 大臀筋
④ 中臀筋

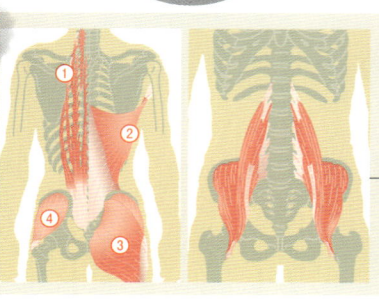

腸腰筋

動作別オススメ
走る	★★★★★
投げる	★★★★☆
蹴る	★★★★☆
跳ぶ	★★★★★
振る	★★☆☆☆
回る	★★★☆☆
止まる	★★★★☆

ヒザを抱え、背すじを伸ばした状態でバランスを保ちます。おなかや背中、お尻の筋肉を使って体の軸を強化することで、キックや投球動作のフォームが安定し、よりコントロールの利いたボールを蹴ったり、投げることができます。

一日のトレーニング目安	
アスリート	左右 **15〜30秒** 1セット
一般	左右 **5秒** 1セット

★★★頭から足裏を一直線に★★★

3 ヒザを上体に引きつける

2の体勢からヒザを上体に引きつけて、ブレないようにキープ

☑ POINT
頭から足裏までを一直線に

☑ POINT
体がブレないように注意

Another Angle

ここを鍛える

トレーニングアドバイス

まっすぐな体勢をキープすることが大事

股関節や腰、背部が硬いと、骨盤が寝てしまい体の軸が一直線にならない。これでは、バランスや軸の強化につながりません。

運動能力チェック / 柔軟性 / 体幹力 / バランス力 / アジリティー / マッサージ

STEP I 軸足のバランス強化 [3]

chapter 4 バランス力

お尻で支える

腹斜筋・腹横筋・大臀筋・中臀筋・大腿四頭筋

1 腕を真横に広げ、まっすぐに立つ

腕を床と水平になるように広げ、背すじを伸ばして立ちます

☑ POINT 脚は骨盤の幅に開く

ココを鍛える！
① 大臀筋
② 中臀筋
③ 腹斜筋
④ 腹横筋
⑤ 大腿四頭筋

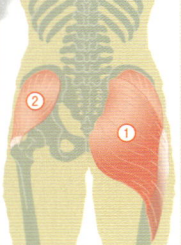

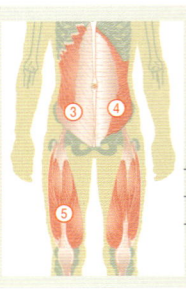

動作別オススメ

走る	★★★☆☆
投げる	★★★★☆
蹴る	★★☆☆☆
跳ぶ	★★★★☆
振る	★★★☆☆
回る	★★★★☆
止まる	★★★☆☆

脚を真横に上げてバランスをとり、軸足を鍛えます。脚を上げたときは、特にわき腹の筋肉である腹斜筋や腹横筋を使っていることを意識してください。そうすることで、安定した投球フォームや滑らかなターンなどが身につきます。

一日のトレーニング目安	
アスリート	左右 **3〜10秒** 1セット
一般	左右 **1〜3秒** 1セット

★★★軸足のヒザをやや曲げてバランスをとる★★★

2 脚を真横に上げる

1の体勢から脚を真横に上げて、上体のバランスを保ちながらキープします

☑ POINT
脚を上げるときは骨盤を傾けず、まっすぐのまま

ここを鍛える
ここを鍛える

☑ POINT
軸足のヒザをやや曲げると、バランスをとりやすい

トレーニングアドバイス

脚は真横に上げることが大事

左のように、体の後ろに脚を上げてしまうと骨盤が傾いて腰に負担がかかるだけでなく、軸が一直線にならないため、バランス力の強化につながりません。

chapter **4** バランス力

STEP Ⅰ 軸足のバランス強化 [4]

背中・腰・お尻・太ももで支える

脊柱起立筋・広背筋・大臀筋・中臀筋・ハムストリングス

1 まっすぐに立ち、腕を胸の前で組む

腕を胸の前で組んだ状態で、まっすぐに立ちます

✅ POINT
腕は胸の前で交差することで、わざと不安定さを出す

2 脚を後ろに引く

1の体勢から、どちらかの脚を後ろに引きます。前の脚（軸足）は、やや曲げてください

ココを鍛える！
① 脊柱起立筋
② 広背筋
③ 大臀筋
④ 中臀筋
⑤ ハムストリングス

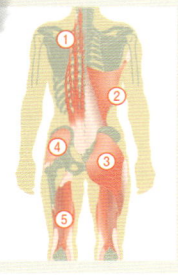

動作別オススメ

走る	★★★★★	
投げる	★★★★★	
蹴る	★★★★★	
跳ぶ	★★★★★	
振る	★★★★★	
回る	★★★★★	
止まる	★★★★★	

手を胸の前で組み、軸足で上体を支えながら前方に倒すことで、バランス力の強化をはかります。負荷の高いメニューのため、相手に当たられてもブレない強い軸のある体をつくります。軸が安定するため、スローイングやキックの精度が高まります。

一日のトレーニング目安	
アスリート	左右 10〜20秒 3〜5セット
一 般	左右 5〜10秒 2セット

★★★軸足で上体から足裏をまっすぐにキープ★★★

3 引いた脚を浮かせる

2の体勢から、引いた後ろ脚を浮かせて、上体を前に倒します。この体勢をキープしてください。

傾く ×

✓ POINT
頭から足裏までを一直線にキープ

✓ POINT
骨盤を傾けないように

ここを鍛える

ここを鍛える

トレーニングアドバイス

頭から足裏が一直線になるようにキープ

脚を浮かせた際、体を一本の棒のように保ってください。軸足はやや曲げて、ふくらはぎや太ももの筋肉で支えていることを意識しましょう。

運動能力チェック / 柔軟性 / 体幹力 / バランス力 / アジリティー / マッサージ

chapter 4 バランス力

STEP I 軸足のバランス強化 [5]

おなか・背中・お尻 ふくらはぎで支える

腹斜筋・大臀筋・中臀筋

1 腕を真横に広げて、どちらかの脚を振り上げる

腕を床と水平に広げて立ちます。そこから、どちらかの脚を横に振り上げてください

☑ **POINT** 背すじを伸ばす

☑ **POINT** 上体はブレないように

ココを鍛える!
① 大臀筋
② 中臀筋
腹斜筋

動作別オススメ
- 走る ★★☆☆☆
- 投げる ★★☆☆☆
- 蹴る ★★☆☆☆
- 跳ぶ ★★★☆☆
- 振る ★★☆☆☆
- 回る ★★★☆☆
- 止まる ★★★★☆

一日のトレーニング目安	
アスリート	10〜30回 1セット
一般	6回 1セット

上体がブレないように注意しながら、脚を左右交互にステップします。脚は必ずおへその下に戻すようにすると、体の軸が安定します。

★★★ お尻の筋肉を使って、脚は必ずおへその下に戻す ★★★

2 脚を戻し、逆脚も振り上げる

1で振り上げた脚をおへその下に来るように戻し、逆脚を振り上げます

繰り返す

ここを鍛える　ここを鍛える

☑ **POINT**
脚はおへその下に戻す

トレーニングアドバイス

脚は必ずおへその下に戻す

ステップした脚は必ず、おへその下に戻しましょう。上体がブレたり、脚が基本ポジションから外れてしまうと、バランスの強化につながりません。

運動能力チェック｜柔軟性｜体幹力｜バランス力｜アジリティー｜マッサージ

chapter 4 バランス力

STEP II 両足でバランス強化 [1]

腰・太もも・お尻で支える

脊柱起立筋・大臀筋・中臀筋・大腿四頭筋

1 腕を前に伸ばし、姿勢を正して立つ

腕は肩幅に広げて、まっすぐ前に伸ばし、背すじを伸ばして立ちます

✓ POINT 腕はまっすぐに伸ばす

✓ POINT 背すじを伸ばす

✓ POINT 脚は骨盤の幅

ココを鍛える!
① 脊柱起立筋
② 大臀筋
③ 中臀筋

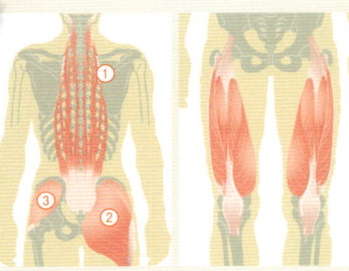

大腿四頭筋

動作別オススメ
- 走る ★★★☆☆
- 投げる ★★☆☆☆
- 蹴る ★★★☆☆
- 跳ぶ ★★★★☆
- 振る ★★★☆☆
- 回る ★★☆☆☆
- 止まる ★★★★☆

腕を前に伸ばして重心を下げることで、両足のバランス力を強化するメニューです。背中、お尻、太ももの筋肉を使ってバランスを保つため、高いジャンプに必要な瞬発力や、急なストップ動作にも対応できる筋力が身につきます。

一日のトレーニング目安	
アスリート	5〜20秒 3〜5セット
一般	3〜5秒 2セット

★★★イスに座るように重心を下げる★★★

2 お尻を下げてキープ

1の体勢から、イスに腰かけるようにお尻を下げます。この体勢をキープしてください

☑ POINT 背中で体を支える

ここを鍛える

ここを鍛える

☑ POINT ヒザがつま先よりも前に出ないように注意

☑ POINT かかとは床につけたまま

バリエーション

腕を真上に上げてまっすぐに立ち、かかとに重心をかけながら、腰を落とします。

トレーニングアドバイス

✗ ヒザがつま先より前に出ないように注意

左のように、ヒザがつま先よりも前に出てしまうと、筋肉にかかる負荷が弱まるため、バランス力の強化につながりません。

STEP Ⅱ 両足でバランス強化[2]

chapter 4 バランス力

おなか・腰・太ももで支える

広背筋・腹斜筋・大腿四頭筋・ハムストリングス

1 腕を前に伸ばして手の平を合わせ、一方の脚を後ろに引く

腕を前にまっすぐ伸ばし、手の平を合わせます。どちらかの脚を後ろに引き、ヒザを曲げて重心を落とします

Another Angle

☑ **POINT** 背すじはまっすぐ

☑ **POINT** 骨盤は固定する

☑ **POINT** おへその位置を下げるイメージで腰を落とす

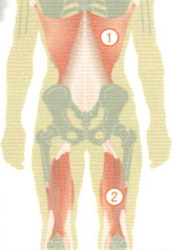

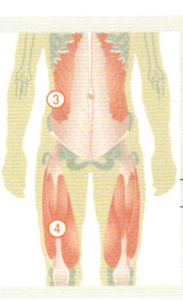

ココを鍛える!
①広背筋
②ハムストリングス
腹斜筋③
大腿四頭筋④

動作別オススメ
- 走る ★★★★★
- 投げる ★★★★★
- 蹴る ★★★★★
- 跳ぶ ★★★★★
- 振る ★★★★★
- 回る ★★★★★
- 止まる ★★★★★

骨盤を固定してバランスをとりながら、左右に体をひねります。下半身の安定感が増すメニューのため、スローイングやスイング、キック、ターン、ランニング、ダッシュといったフォームに安定感が増します。

一日のトレーニング目安	
アスリート	5〜10往復 2〜4セット
一般	3〜5往復 2セット

★★★ヒザがつま先よりも前に出ないように注意★★★

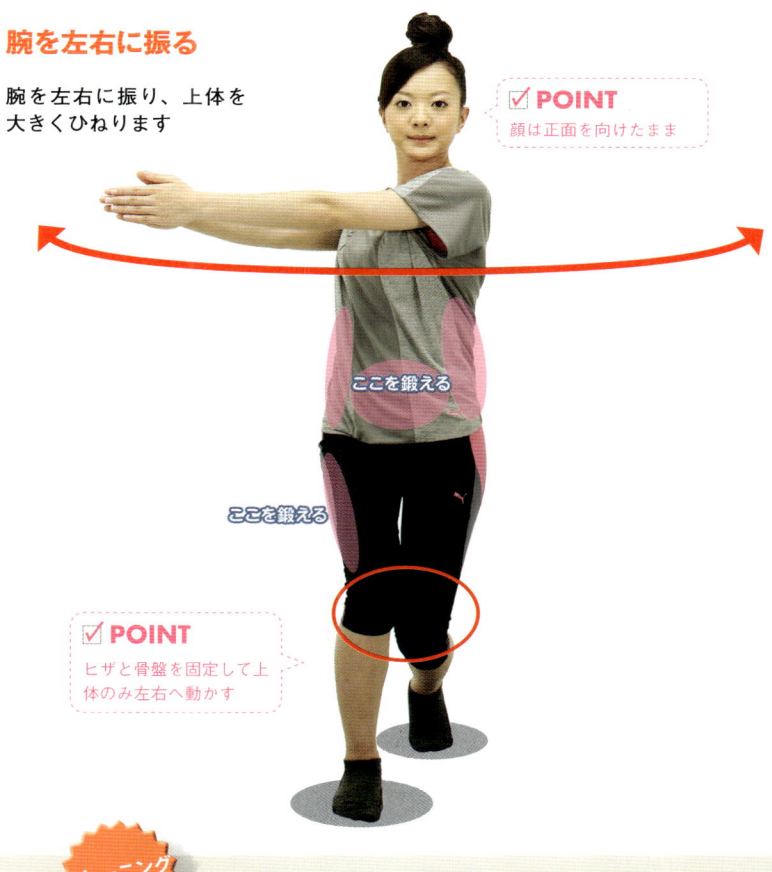

2 腕を左右に振る

腕を左右に振り、上体を大きくひねります

☑ POINT
顔は正面を向けたまま

ここを鍛える

ここを鍛える

☑ POINT
ヒザと骨盤を固定して上体のみ左右へ動かす

トレーニングアドバイス

骨盤を安定させて大きくひねる

左右に大きくひねるときは、軸足で骨盤をしっかりと固定させてください。また、前脚のヒザは、つま先よりも前に出ないように注意しましょう。

chapter **4** バランス力

STEP Ⅱ 両足でバランス強化[3]

体全体で支える

脊柱起立筋・広背筋・大臀筋・中臀筋・ハムストリングス・ヒフク筋

1 腕を真上に上げ、背すじを伸ばして立つ

腕を肩幅に開いて真上にまっすぐ上げ、姿勢を正して立ちます。脚は骨盤の幅に開いてください

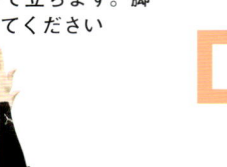

☑ POINT
指先から足裏までを一直線に保つ

2 腰を落とし、ヒザの角度を90度にキープ

1の体勢から腰を落とし、タメをつくります。ヒザの角度を90度にしてください

ここを鍛える　ここを鍛える

☑ POINT
ヒザの角度は90度

☑ POINT
ヒザがつま先よりも前に出ないように注意

ココを鍛える!
① 脊柱起立筋
② 広背筋
③ 大臀筋
④ 中臀筋
⑤ ハムストリングス
⑥ ヒフク筋

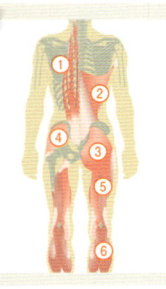

動作別オススメ
走る ★★★★☆
投げる ★★★★☆
蹴る ★★★☆☆
跳ぶ ★★★★★
振る ★★★☆☆
回る ★★★☆☆
止まる ★★★☆☆

ジャンプするように伸び上がった体勢でバランスを保ちます。さらに背中、お尻、太もも、ふくらはぎの連動性も向上します。腹筋を締め、背中で上体を引き上げて、同時にお尻や太ももの筋肉を利用して伸び上がることで、瞬発力やジャンプ力も大きく高まります。

一日のトレーニング目安	
アスリート	5〜20回 2セット
一般	3回 1セット

★★★天井から吊り下げられているイメージ★★★

3 まっすぐに伸び上がる

2の体勢からヒザを伸ばし、かかとを浮かせて伸び上がり、体を一本の棒になるようにキープします

☑ **POINT** 体をまっすぐに

ここを鍛える

繰り返す

☑ **POINT** かかとを浮かせる

トレーニングアドバイス

天井から吊られているイメージ

伸びきったときは、天井から吊られているイメージでまっすぐに。かがんだ際はヒザを90度に保ち、つま先より前に出ないようにしてください。

運動能力チェック / 柔軟性 / 体幹力 / バランス力 / アジリティー / マッサージ

chapter **4** バランス力

STEP Ⅱ 両足でバランス強化 [4]

お尻・太ももの内側
足首で支える

大臀筋・中臀筋・内転筋

1 手を後頭部で組む

まっすぐな姿勢から手を後頭部で組みます

☑ **POINT**
背すじを伸ばす

☑ **POINT**
骨盤を安定させる

☑ **POINT**
両ヒザと足首を内側にくっつける

ココを鍛える!
① 大臀筋
② 中臀筋

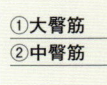

内転筋

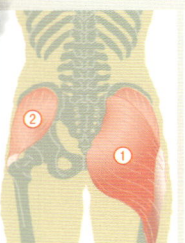

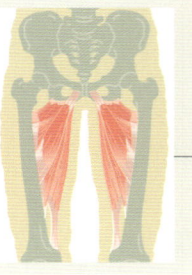

動作別オススメ

走る ★★☆☆☆
投げる ★★★☆☆
蹴る ★★☆☆☆
跳ぶ ★★☆☆☆
振る ★★★☆☆
回る ★★★☆☆
止まる ★★☆☆☆

手を頭の後ろで組み、骨盤を固定したまま上体を左右に倒すことでバランス力を高めます。倒す際はわき腹の筋肉を縮めるように。そのときも骨盤を固定するために中・大臀筋や内転筋、足首に力をぐっと締めるような形で行ってください。

一日のトレーニング目安	
アスリート	5～20往復 2セット
一般	5往復 1セット

★★★ヒザと足首を内側に縮めることで骨盤が安定★★★

2 上体を左右に倒す

1の体勢から太ももの内側と足首に力を入れ、骨盤を固定した状態で、上体を左右に倒します。息を吐きながら、わき腹の筋肉を縮めることを意識しましょう

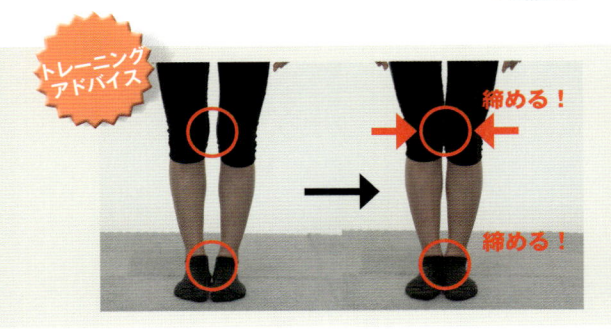

ここを鍛える
ここを鍛える
ここを鍛える

☑ **POINT**
息を吐きながら、わき腹の筋肉を縮める

トレーニングアドバイス

締める！
締める！

骨盤を安定させるためにヒザ、足首をロック

上体を倒す際、骨盤は固定させることで両足のバランスは強化されます。しっかりとヒザと足首を内側に締めること。こうすることで骨盤が安定し、トレーニング効果が高まります。

chapter 4 バランス力

STEP Ⅱ 両足でバランス強化 [5]

背中・おなか・お尻 太ももで支える

脊柱起立筋・広背筋・腹斜筋・大臀筋・中臀筋・大腿四頭筋

1 手を後頭部で組む

背すじを伸ばしてまっすぐに立ち、手を後頭部で組みます。このとき、太ももの内側とお尻の筋肉を締めて、骨盤を安定させてください

☑ POINT
まっすぐな姿勢で立つ

Another Angle

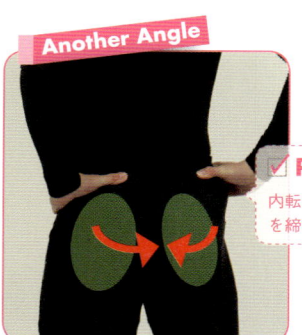

☑ POINT
内転筋と臀部の筋肉を締めて骨盤を安定

ココを鍛える！
① 脊柱起立筋
② 広背筋
③ 大臀筋
④ 中臀筋
腹斜筋 ⑤
大腿四頭筋 ⑥

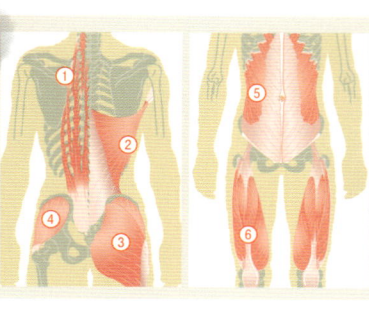

動作別オススメ
走る ★★★★★
投げる ★★★★★
蹴る ★★★★★
跳ぶ ★★★★★
振る ★★★★★
回る ★★★★★
止まる ★★★★★

120

両足でバランス強化【4】のメニューと同じ体勢から、今度は上体をひねって、バランス力を高めるメニューです。わき腹の筋肉をひねる動作が加わるため、キックやスイング、スローイング、ターンなどの動作が滑らかになります。

一日のトレーニング目安	
アスリート	5〜10往復 2セット
一般	3往復 1セット

★★★ 太ももの内側とお尻の筋肉を締めて、上体をひねる ★★★

2 上体を左右にひねる

1の体勢から、背中で上体をまっすぐに支えながら、左右にひねります。骨盤を固定しながら行ってください

☑ POINT
背中で上体をまっすぐに支えながら上体をひねる

ここを鍛える

☑ POINT
骨盤は固定したまま

ここを鍛える

ここを鍛える

トレーニングアドバイス

上体がブレないように内転筋と臀筋を締める

最初の体勢で太ももの内側とお尻の筋肉を締めて骨盤を固定しなければ、ひねった際、左のように上体がブレてしまいます。注意してください。

STEP III 体全体を使ったバランス強化 [1]

chapter 4 バランス力
腰・太もも・お尻で支える

脊柱起立筋・広背筋・腹斜筋・大臀筋・中臀筋・ハムストリングス
大腿四頭筋・ヒフク筋

1. 腕を真上に伸ばし、まっすぐ立つ
腕を肩幅に開き、背すじを伸ばして立ちます

POINT 指先から足裏までを一直線に

2. ヒザを引き上げる
どちらかのヒザを、おへその高さまで引き上げます

POINT ヒザはおへその高さに

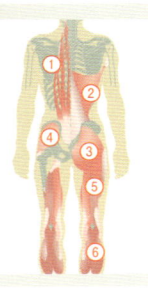

ココを鍛える! 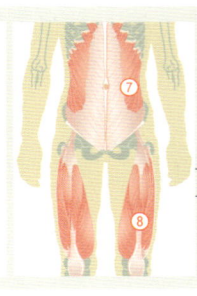
① 脊柱起立筋
② 広背筋
③ 大臀筋
④ 中臀筋
⑤ ハムストリングス
⑥ ヒフク筋
⑦ 腹斜筋
⑧ 大腿四頭筋

動作別オススメ
- 走る ★★★☆☆
- 投げる ★★★☆☆
- 蹴る ★★★★☆
- 跳ぶ ★★★★☆
- 振る ★★★☆☆
- 回る ★★★☆☆
- 止まる ★★★☆☆

体の軸をつくってから腸腰筋を使って太ももを引き上げ、上体を深く前に倒して軸足でキープします。軸足に全体重が乗る強い負荷がかかるメニューです。軸足に安定感が生まれ、強く正確なキックや高いジャンプ力を得られます。

一日のトレーニング目安

アスリート	左右 **10〜20秒** 2セット
一般	左右 **3〜5秒** 1セット

★★★軸足でしっかり支え、体のラインを一直線に★★★

3 上体を倒し、脚をまっすぐに伸ばす

2の体勢から上体を床と水平になるように倒し、太ももを引き上げた脚をまっすぐに伸ばします

☑ **POINT**
指先から足裏を一直線にキープ

☑ **POINT**
骨盤は傾けない

傾く ×

ここを鍛える

ここを鍛える

トレーニングアドバイス

体がブレないように軸足で安定させよう

上体を倒す際は、体をまっすぐにキープしましょう。また骨盤がブレないように、軸足でしっかり安定させてください。

運動能力チェック / 柔軟性 / 体幹力 / バランス力 / アジリティー / マッサージ

chapter **4**
バランス力

STEP Ⅲ 体全体を使ったバランス強化[2]

体全体で支える

大臀筋・中臀筋・ハムストリングス・ヒラメ筋

1 まっすぐに立ち、ヒザを抱えてから上体に引き寄せる

背すじを伸ばして立ち、どちらかのヒザを両手で持ちます。軸をつくってから、ヒザを上体に引き寄せます

☑ **POINT** ヒザを抱えて引きつける

☑ **POINT** まっすぐな姿勢で立ち、軸をつくる

Another Angle

☑ **POINT** 臀部の筋肉、内転筋を縮めて骨盤を安定

ココを鍛える！
① 大臀筋
② 中臀筋
③ ハムストリングス
④ ヒラメ筋

動作別オススメ
走る ★★★☆☆
投げる ★★★★☆
蹴る ★★★☆☆
跳ぶ ★★★★☆
振る ★★★☆☆
回る ★★★★☆
止まる ★★★★☆

ヒザを抱えた状態で体を安定させ、軸足のヒザの曲げ伸ばしを繰り返すメニューです。しっかりとした体の軸がつくられるため、一歩目の動き出しがスムーズになるなど、瞬間的な動きを高めることができます。

一日のトレーニング目安	
アスリート	左右 **10〜20**回 2セット
一般	左右 **3〜5**回 1セット

★★★ 骨盤を安定、軸足に重心をかけて上下運動 ★★★

2 軸足のヒザを曲げ、上下動させる

1の体勢から1秒かけてヒザをやや曲げ、また1秒かけてヒザを伸ばします。この動きを繰り返してください

✓ POINT
背筋や腹筋を使って上体をまっすぐにキープ

ここを鍛える

✓ POINT
ヒザを曲げる際は、土踏まずに重心をかけるイメージ

繰り返す

トレーニングアドバイス

土踏まずに重心をかけるイメージでヒザを曲げる

上体をまっすぐに保ちながら、おへその下で上下運動するイメージで行いましょう。ヒザを曲げる際は土踏まずに重心をかけると、バランスがとりやすくなります。

運動能力チェック / 柔軟性 / 体幹力 / **バランス力** / アジリティー / マッサージ

chapter 4 バランス力

STEP Ⅲ 体全体を使ったバランス強化 [3]

体全体で支える

腹直筋・腹斜筋・腸腰筋

1 どちらかの手を後頭部に添え、ヒザを引き上げる

まっすぐに立って腕を真横に伸ばし、どちらかの手を後頭部に添えます。逆脚のヒザをおへその高さまで引き上げます

POINT
背すじを伸ばす

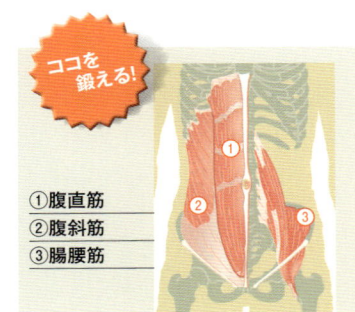

POINT
ヒザをおへその高さに引き上げる

ココを鍛える!
① 腹直筋
② 腹斜筋
③ 腸腰筋

動作別オススメ

走る	★★★★★
投げる	★★★★★
蹴る	★★★★★
跳ぶ	★★★★★
振る	★★★★★
回る	★★★★★
止まる	★★★★★

ヒジと逆脚の引き上げたヒザを合わせ、軸足でバランスをとるメニューです。姿勢や骨盤の安定だけでなく、ひねる動作が組み込まれていることから、腹直筋や腹斜筋など体幹部の筋肉が鍛えられます。投げる、回るなどが多い競技の選手はしっかり取り組みましょう。

一日のトレーニング目安	
アスリート	左右 10〜30秒 2セット
一般	左右 5〜10秒 1セット

★★★わき腹を縮めながら、ヒザの上にヒジを合わせる★★★

2 ヒジとヒザを合わせる

後頭部に添えた腕のヒジと引き上げたヒザを合わせてキープします

☑ POINT
ヒジとヒザをしっかり合わせる

ここを鍛える

☑ POINT
体がブレないように軸足で支える

トレーニングアドバイス

軸足でバランスを保つことがポイント

ヒジとヒザを合わせた際は体がブレないように、軸足でバランスを保ちます。上体をまっすぐにして、おへその高さに上げたヒザにヒジをあわせるイメージで行いましょう。

運動能力チェック / 柔軟性 / 体幹力 / バランス力 / アジリティー / マッサージ

chapter **4** バランス力

STEP Ⅲ 体全体を使ったバランス強化[4]

体全体で支える

腸腰筋・大臀筋・中臀筋・大腿四頭筋・ヒフク筋

1 腕を真横に広げ、どちらかの脚を後ろに引く

まっすぐに立ち、腕を真横に広げます。どちらかの脚を後ろに引き、前に残った脚のヒザをやや曲げます

2 引いた脚を横に上げる

1の体勢から後ろの引いた脚を真横に上げます

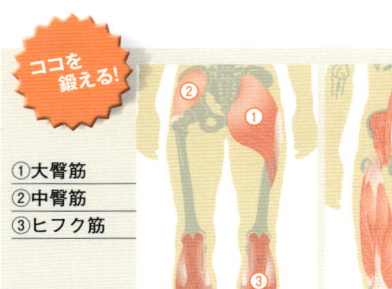

✓ POINT 腕は床と水平に広げる

✓ POINT 軸足のヒザを曲げ、体の軸をつくる

ココを鍛える!
① 大臀筋
② 中臀筋
③ ヒフク筋

腸腰筋④
大腿四頭筋⑤

動作別オススメ

走る	★★★★☆
投げる	★★★★☆
蹴る	★★★★☆
跳ぶ	★★★☆☆
振る	★★★☆☆
回る	★★★★☆
止まる	★★★☆☆

軸足でバランスをとりながら、どちらかの脚の股関節を回すメニューです。下半身にしっかりとした安定感が生まれます。

一日のトレーニング目安	
アスリート	左右 **10〜20**回 2セット
一般	左右 **3〜5**回 1セット

★★★股関節をゆっくり大きく回す★★★

3 股関節を回す

股関節を外側から内側へとゆっくり回します

☑ POINT
股関節をゆっくり回す

ここを鍛える

☑ POINT
上体がブレないように注意

ここを鍛える

トレーニングアドバイス

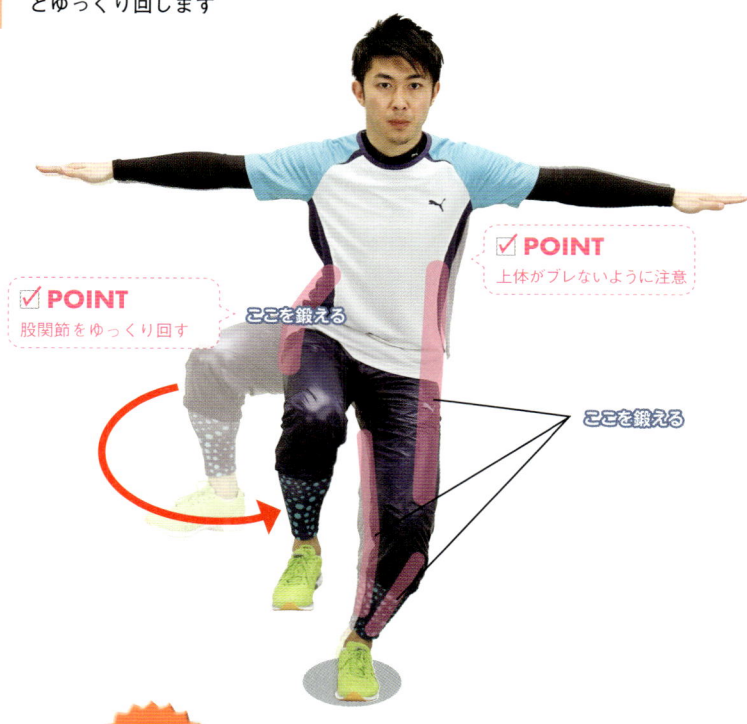

軸足のヒザを曲げて上体と骨盤を安定

股関節を回す際、上体がブレないように骨盤をしっかり安定させてください。**軸足のヒザをやや曲げてバランスをとる**ことがポイントです。

chapter **4** バランス力

STEP Ⅲ 体全体を使ったバランス強化 [5]

体全体で支える

脊柱起立筋・腹直筋・腹斜筋・大腿四頭筋

1 仰向けに寝て、肩甲骨と両足を浮かせる

仰向けに寝た状態で、両足と肩甲骨を床から浮かせます

POINT
骨盤は床に押しつけた状態で安定させる

POINT
脚と肩甲骨を浮かせる

2 腕とその逆脚を上げる

どちらかの腕と、その逆側の脚を同時に上げます。このとき、骨盤は床に押しつけたまま、安定させた状態にします

POINT
おなかの筋肉を縮める

POINT
骨盤は床に押しつけて、安定させる

ココを鍛える!

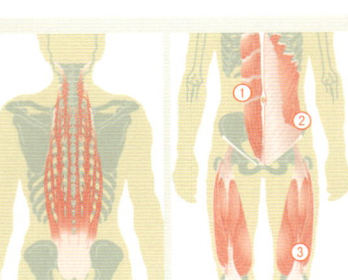

脊柱起立筋

腹直筋 ①
腹斜筋 ②
大腿四頭筋 ③

動作別オススメ

走る	★★★★☆
投げる	★★★☆☆
蹴る	★★★★☆
跳ぶ	★★★☆☆
振る	★★★★☆
回る	★★★★☆
止まる	★★★★☆

床に寝た状態で脚と肩甲骨を浮かせ、手足を交互に動かします。体全体のバランス力だけでなく、連動性も高まります。走行フォームの安定、動き出しやターンのスピードの向上、スイングやキックのモーションが滑らかになるなどの効果があります。

一日のトレーニング目安	
アスリート	10〜20回 3セット
一般	3回 2セット

★★★おなかの筋肉を縮めて手足を動かす★★★

3 2とは逆の腕と脚を上げる

2の体勢から、逆の腕と脚を上げます

ここを鍛える

繰り返す

トレーニングアドバイス

おなかの筋肉を縮めて骨盤を安定させよう

手足を動かす際は骨盤を床に押しつけながら、おなかの筋肉を縮めて行ってください。そうすることで、バランス力の向上に不可欠な骨盤の安定が得られます。

運動能力チェック / 柔軟性 / 体幹力 / バランス力 / アジリティー / マッサージ

STEP Ⅳ チューブを使ったバランス強化[1]

chapter 4 バランス力

太もも・ふくらはぎで支え、お尻を鍛える

大臀筋・中臀筋・大腿四頭筋・足首周り

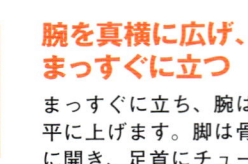

1 腕を真横に広げ、まっすぐに立つ

まっすぐに立ち、腕は床と水平に上げます。脚は骨盤の幅に開き、足首にチューブを巻いてください

✓ POINT 脚は骨盤の幅に開く

✓ POINT チューブは足首に巻く

ココを鍛える!
① 大臀筋
② 中臀筋

大腿四頭筋
足首周り

動作別オススメ

走る	★★★★☆
投げる	★★★★☆
蹴る	★★★★☆
跳ぶ	★★★★☆
振る	★★★★☆
回る	★★★★☆
止まる	★★★☆☆

臀部の筋肉を鍛えて、バランスを強化します。体の軸を意識しながら、チューブを使って横に引っ張りましょう。臀筋の強化は、骨盤や体幹部の安定に欠かせません。ここをしっかり鍛えることで、どんなスポーツ競技のフォームも格段に改善されます。

一日のトレーニング目安	
アスリート	10～30回 2セット
一般	3回 1セット

★★★お尻の筋肉を使うことを意識★★★

2 どちらかの脚を浮かせ、チューブを引っ張る

1の体勢から、どちらかの脚を浮かせ、同時にチューブを外側へ引っ張ります

3秒キープ

✓ POINT
軸足と肩のラインが十字になるのが理想的

✓ POINT
お尻の筋肉でチューブを引っ張る

ここを鍛える

✓ POINT
軸足がブレないように

ここを鍛える

トレーニングアドバイス

お尻の筋肉を使ってチューブを引っ張る

軸足や上体がブレると、バランス強化につながりません。チューブを引っ張るときは、お尻の筋肉を使っていることを意識しましょう。

運動能力チェック | 柔軟性 | 体幹力 | バランス力 | アジリティー | マッサージ

chapter 4 バランス力

STEP Ⅳ チューブを使ったバランス強化[2]

太もも・ふくらはぎで支え、背中・お尻・太ももの裏を鍛える

大臀筋・中臀筋・大腿四頭筋・ハムストリングス・ヒフク筋

1 腕を真横に広げ、どちらかの脚を引く

背すじを伸ばし、腕を真横に広げます。チューブは足首に巻き、どちらかの脚を後ろに引いて、引っ張ってください

☑ **POINT** 背すじはまっすぐ

☑ **POINT** 軸足のヒザはやや曲げる

ココを鍛える!
① 大臀筋
② 中臀筋
③ ハムストリングス
④ ヒフク筋

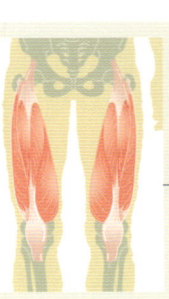

大腿四頭筋

動作別オススメ
- 走る ★★★★★
- 投げる ★★★★★
- 蹴る ★★★★★
- 跳ぶ ★★★★★
- 振る ★★★★★
- 回る ★★★★★
- 止まる ★★★★★

お尻の筋肉を使って、チューブを後方へ引っ張ります。臀部の筋肉が鍛えられるほか、軸足の大腿部やふくらはぎの筋肉も強化されます。下半身が安定するため、野球のバッティングや投球動作、ゴルフのスイング時に踏ん張りがきくようになります。

一日のトレーニング目安	
アスリート	左右 10〜20秒 2セット
一般	左右 3〜5秒 1セット

★★★軸足を曲げて、後ろ脚はきちんと伸ばす★★★

2 上体を前へ倒し、後ろ脚を浮かせる

1の体勢から上体を前へ倒し、後ろ脚をまっすぐ伸ばして浮かせます。この体勢をキープしてください

ここを鍛える

☑ POINT
軸足でバランスをとる

☑ POINT
後ろ脚はしっかり伸ばす

バリエーション
腕を胸の前で交差させると、バランスがとりづらくなり、負荷の高いトレーニングとなります。

ここを鍛える

☑ POINT
かかとを浮かす

トレーニングアドバイス

✕ 後ろ脚をしっかり伸ばしチューブを引っ張る

左のように後ろ脚が伸びていないと、臀部の筋肉に負荷がかからないため、トレーニング効果がありません。後ろ脚はしっかり伸ばしましょう。

運動能力チェック / 柔軟性 / 体幹力 / バランス力 / アジリティー / マッサージ

chapter 4
バランス力

STEP Ⅳ チューブを使ったバランス強化 [3]

太もも・ふくらはぎで支え、お尻・太ももを鍛える

腸腰筋・大臀筋・中臀筋・大腿四頭筋・ヒフク筋

1 腕を真上に伸ばす

脚は骨盤の幅に開き、チューブをヒザに巻きます。背すじをまっすぐにし、両腕を真上に伸ばします

2 伸ばした腕を真横に開く

1の体勢から腕を真横に開きます。1から2の動きで、しっかりと体の軸をつくってください

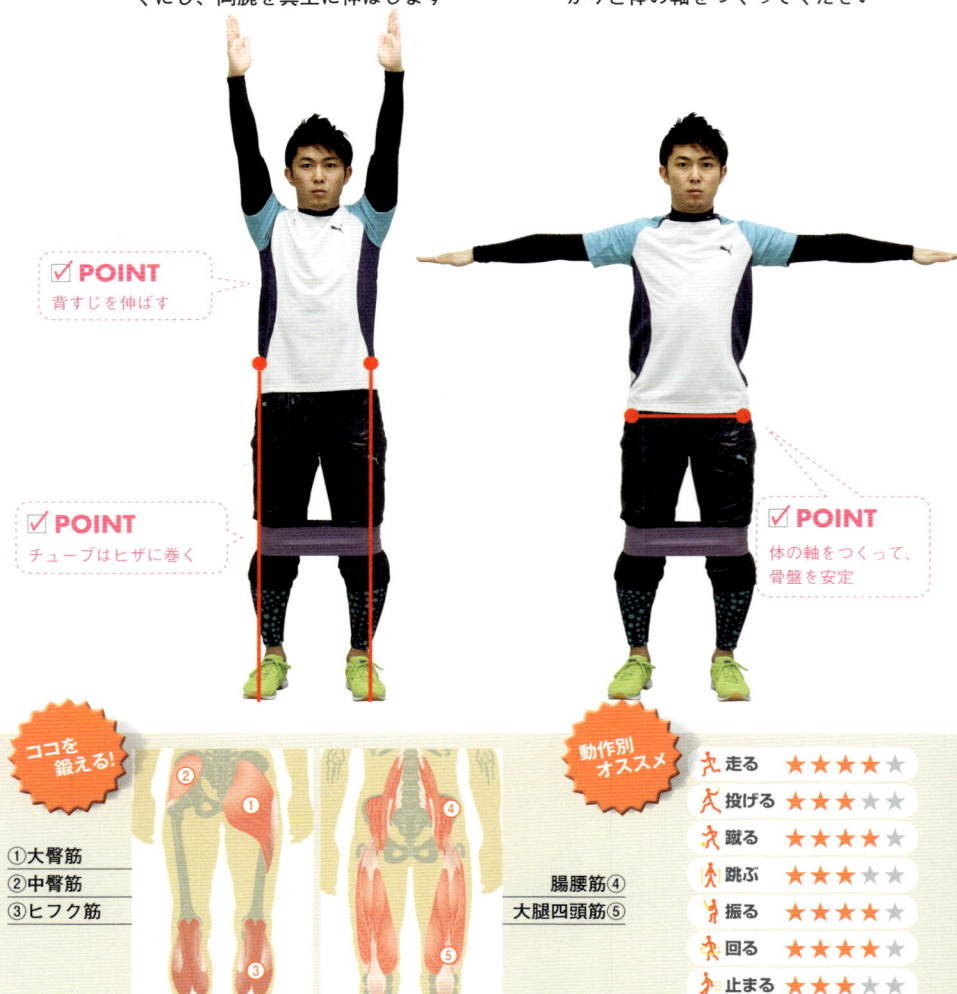

☑ POINT 背すじを伸ばす

☑ POINT チューブはヒザに巻く

☑ POINT 体の軸をつくって、骨盤を安定

ココを鍛える！
① 大臀筋
② 中臀筋
③ ヒフク筋

腸腰筋 ④
大腿四頭筋 ⑤

動作別オススメ
- 走る ★★★★★
- 投げる ★★★☆☆
- 蹴る ★★★★☆
- 跳ぶ ★★★★☆
- 振る ★★★☆☆
- 回る ★★★★☆
- 止まる ★★★☆☆

体の軸を安定させた状態で、チューブを引っ張りながら股関節を回します。股関節を回す動きが組み込まれているため、可動域が広がり、動き出しや急なストップ動作、ステップワークなどがスムーズになります。

一日のトレーニング目安	
アスリート	左右 **10〜30**回 3〜5セット
一般	左右 **3〜5**回 1セット

★★★ 体の軸を意識しながら、股関節を回す ★★★

3 股関節をゆっくり大きく回す

2の体勢から、どちらかの脚を浮かせ、チューブを引っ張りながら股関節をゆっくり大きく回します

☑ POINT
ゆっくり大きく、チューブを引っ張りながら股関節を回す

ここを鍛える
ここを鍛える
ここを鍛える
ここを鍛える

☑ POINT
軸足でしっかりバランスをとる

トレーニングアドバイス

しっかりとした体の軸をつくる

バランス力アップのメニューのため、軸をしっかりさせることが大切です。腕を真上に伸ばしてから下ろす動きで、軸をつくりましょう。

運動能力チェック / 柔軟性 / 体幹力 / バランス力 / アジリティー / マッサージ

chapter 4 バランス力

STEP Ⅳ チューブを使ったバランス強化[4]

おなか・太ももで支え、お尻・太ももを鍛える

腹横筋・大臀筋・中臀筋・大腿四頭筋・ハムストリングス

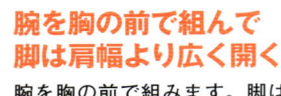

1 腕を胸の前で組んで脚は肩幅より広く開く

腕を胸の前で組みます。脚は肩幅よりも広めに開き、ヒザを少し曲げます。チューブは足首に巻いてください

☑ POINT 腕は胸の前で交差

☑ POINT 上体はまっすぐに固定

☑ POINT 脚は肩幅より広く開く

ココを鍛える！
① 大臀筋
② 中臀筋
③ ハムストリングス

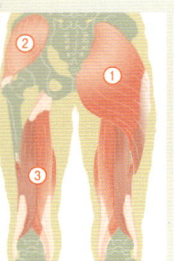

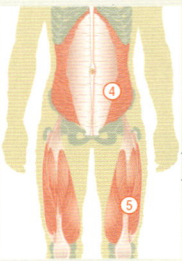

腹横筋 ④
大腿四頭筋 ⑤

動作別オススメ
走る	★★★★★
投げる	★★★★★
蹴る	★★★★★
跳ぶ	★★★★★
振る	★★★★★
回る	★★★★★
止まる	★★★★★

上体を固定したまま脚を横に動かして、チューブを大きく引っ張ります。これでバランス強化になります。わき腹、太もも、お尻の筋肉が同時に鍛えられるため、スイングやキック、スローイングのパワーや安定感が増します。

一日のトレーニング目安	
アスリート	左右 **10〜30**回 2セット
一般	左右 **3〜8**回 1セット

★★★壁を押し込むイメージ★★★

2 脚を大きく横に動かし、チューブを引っ張る

1の体勢から、どちらかの脚でチューブを引っ張ります。上体もまっすぐのまま、脚と同時に動かしてください

☑ POINT
上体はしっかり固定

☑ POINT
壁を押すイメージで上体と脚を動かす

ここを鍛える
ここを鍛える
ここを鍛える

繰り返し

トレーニングアドバイス

壁を押すイメージで上体と脚を同時に動かす

チューブを引っ張る際は、動かす脚の太ももとお尻の筋肉に刺激が入っていることを意識してください。また、壁を押すイメージで上体と脚を動かしましょう。

運動能力チェック / 柔軟性 / 体幹力 / バランス力 / アジリティー / マッサージ

chapter 4 バランス力

STEP Ⅳ チューブを使ったバランス強化 [5]

おなか・太ももで支え、お尻・太ももを鍛える

腹横筋・大臀筋・中臀筋・ハムストリングス・大腿四頭筋

1 腕を真横に広げ、片脚をやや浮かせる

チューブを足首に巻き、腕を真横に広げて、片脚を少し浮かせます。ここでしっかりと軸をつくります

☑ POINT
軸足で上体をしっかり固定

ココを鍛える！
① 大臀筋
② 中臀筋
③ ハムストリングス

腹横筋 ④
大腿四頭筋 ⑤

動作別オススメ
走る ★★★★★
投げる ★★★★★
蹴る ★★★★★
跳ぶ ★★★★★
振る ★★★★★
回る ★★★★★
止まる ★★★★★

チューブを足首に巻き、片脚を浮かせて上下に動かすメニューです。上体や軸足がブレないように行うことで、高いバランス力を得ることができます。バランスが安定することで、すべての動作の能力が高まります。

一日のトレーニング目安	
アスリート	左右 **10〜30**回 2セット
一 般	左右 **3〜5**回 1セット

★★★軸足のヒザのライン上に脚を上げる★★★

2 浮かせた脚を上下させる

1の体勢から脚を上下させてチューブを引っ張ります。この動きを繰り返してください

ここを鍛える

Another Angle ○

トレーニングアドバイス

体の軸を崩さないことでバランス力が向上

左のように体が前へ傾いたり、脚をヒザのライン上で動かさないと体の軸が崩れて、バランス力の強化につながりません。

横浜FC・ASVペスカドーラ町田チームドクター 佐藤先生の
MEDICAL ADVICE

プロフィール
佐藤秀樹
Hideki Sato

行徳中央クリニック院長。横浜FCやFリーグのASVペスカドーラ町田のチームドクターを務める。

こんにちは。スポーツドクターの佐藤です。このコラムでは、木場さんが本書で紹介している柔軟性、体幹力、バランス力、アジリティーそれぞれのメニューに取り組む際、障害予防のために気をつけるべきことを説明したいと思います。自分の体に起こりうる障害に対して理解を深め、有意義なトレーニングを行ってください。

柔軟性を高めるメニューで意識すること	ストレッチは、柔軟性の向上によるパフォーマンスアップだけでなく、疲れた筋肉をいい状態に回復させることができるため、ケガの予防にもつながります。関節の可動域が広がることで筋肉が大きく動くようになり、血流が促されて疲労が抜けやすくなるためです。ストレッチは練習の前後に行うと、より効果的です。
体幹力を強化するメニューで注意すること	体幹力を高めるトレーニングには、骨盤を安定させることが目的のメニューが多く含まれます。これらのトレーニングを取り組んだあとは、特に腰や骨盤周りのストレッチを入念に行ってください。ここを十分にほぐすことで、負荷のかかった腰周りの筋肉の回復を促し、アスリートに多く見られる腰の障害を予防することができます。
バランス力を強化するメニューで意識すること	バランス力の向上も、ケガの予防につながります。腰周りや臀部などの大きな筋肉を効率よく使えるようになり、腕や脚の動きが小さくても力が伝わるようになる。つまり、余計な筋肉を使う必要がなくなるため、ケガをしにくくなるのです。バランス力に欠けると、どうしても余計な箇所に力が入ってしまい、障害も起こりやすくなります。
アジリティーを強化するメニューで注意すること	アジリティーの強化には、股関節やヒザ、足首を連動させることが重要ですが、どこかひとつでも硬い箇所があると、うまく連動できません。無理に連動させようとすると、関節や筋肉に余計な負担がかかってしまい、ケガにつながります。自分自身で弱い箇所、硬い箇所を把握し、強化に努めて、障害の予防をはかりましょう。

行徳中央クリニック
http://www.gyoutokuchuo-hospital.com/
〒272-0136　千葉県市川市新浜1-11-1　TEL：047-395-8711

SPORTS PERFORMANCE UP METHOD

chapter 5

KOBA式
アジリティーを強化するトレーニング

アジリティーの鍛え方

アジリティーは、敏捷性を意味し、すばやく動ける能力のこと。スポーツの世界では瞬発力の差が勝敗を分けます。

①上体がブレないように注意

アジリティー能力を高めるためのメニューは、**上体をしっかりと固定させ、下半身だけを動かすことがポイント**です。しっかりとした軸をつくることを意識しながら、すばやく下半身を動かすことで、効果的なトレーニングになります。

②ヒザとつま先は常に同じ方向を向ける

「走る」「回る」「止まる」などのアジリティー能力が必要な動作は、太ももの前の筋肉が瞬間的に使われることで、うまく行えるようになります。そこで重要なのは、**ヒザとつま先を常に同じ方向に向けること**。その結果、太もも前部の筋肉に力が入りやすくなり、すばやい動作につながるのです。「ヒザとつま先は同じ方向」という意識を持って、トレーニングに取り組みましょう。

慣れてきたらスピードアップ

　アジリティーとは敏捷性を意味する言葉ですから、**いずれのメニューもすばやく行えなければなりません**。ただし、体幹部の筋力が弱く、上体をしっかり固定できないうちは、すばやく下半身を動かすことは難しいでしょう。そのため体幹力向上のメニューを並行して行い、上体を固定する力を養いながら、徐々にすばやく行えるようにしていってください。

STEPを踏んで
アジリティーのレベルを上げよう!

上体の固定、骨盤の安定を意識しながら、徐々に難易度の高いメニューに取り組んでいこう。

STEP I 初級編

いずれも背すじをまっすぐに伸ばして、上体を固定し、下半身をすばやく動かすことが要求される。体の軸がブレないことを意識しながら取り組もう。

STEP II 中級編

脚を交互にクロスさせる動きや、床に引いた十字のラインを踏まないようにステップやジャンプを繰り返すなど、ステップワークの向上を重視したメニュー。

STEP III 上級編

太もものすばやい引き上げや、上体を固定したまま下半身だけを浮かせるメニューで瞬発力を強化。また、アジリティー向上には欠かせない足首の動きをスムーズにさせるメニューも組み込まれている。

スポーツのこんな動きに効果的

ドリブル力が向上
細かいステップワークや足の運びが可能になり、ドリブルの能力がアップ。

動き出しのスピードが高まる
上半身のブレが少なくなり、一歩目の動き出しがスムーズに。

急な方向転換にも対応できる
野球の打球判断に伴うステップや、急なターンにも対応できる力が身につく。

chapter 5 アジリティー

STEP I

初級編 [1]

1 直立姿勢をとる

背すじを伸ばして立ちます

☑ POINT
まっすぐに立つ

繰り返し、逆の形も同様に

ココを鍛える！
体全体

動作別オススメ
走る ★★★★★
投げる ★★★★★
蹴る ★★★★★
跳ぶ ★★★★★
振る ★★★★★
回る ★★★★★
止まる ★★★★★

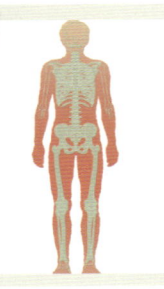

腕と太ももを同時に引き上げることで、手足の連動性を高めます。脚力強化や足の運びがスムーズになるなどの効果が得られ、走力が向上します。

一日のトレーニング目安	
アスリート	左右 10～30回 2セット
一般	左右 8～10回 1セット

★★★ 息を吐きながら すばやく引き上げる ★★★

2 左腕と右脚を同じ速さで引き上げる

1の姿勢から息をフッと吐きながら、左腕と右脚を同時に引き上げます。右脚はおへその高さまで上げます

POINT
手足を引き上げると同時に、フッと息を吐く

POINT
体の軸がブレないように注意

POINT
脚はおへその高さまで上げる

POINT
手足の動きはスムーズに

POINT
リズムよく脚を引き上げる

すばやく！

運動能力チェック / 柔軟性 / 体幹力 / バランス力 / アジリティー / マッサージ

トレーニングアドバイス

脚はおへその高さに上げる

直立の姿勢から手足を連動させ、腸腰筋を使ってすばやく脚を引き上げます。骨盤が傾き背中が曲がらないように注意。引き上げると同時に息を吐くと、体幹部の筋肉が縮んで力が入りやすくなります。

147

chapter 5 アジリティー

STEP I

初級編 [2]

1 腕を真横に広げて立つ
腕を床と水平に上げて、まっすぐに立ちます

POINT 上体を固定する

POINT 脚は骨盤の幅に開く

2 片方の脚を前に蹴り出す
1の体勢から、どちらかの脚を前に蹴り出します

POINT 上体がブレないように注意

POINT つま先は正面を向ける

ココを鍛える!
体全体

動作別オススメ

走る	★★★★☆
投げる	★★★☆☆
蹴る	★★★★☆
跳ぶ	★★★★☆
振る	★★★☆☆
回る	★★★☆☆
止まる	★★★★☆

上体をしっかりと固定して、脚を交互に蹴り出すメニュー。アジリティー強化に必要不可欠な"軸のぶれない"体をつくることができ、走力、キック力、ジャンプ力などが高まります。慣れてきたら、どんどんスピードアップしましょう。

一日のトレーニング目安	
アスリート	10～20回 2～3セット
一般	6回 1セット

★★★体の軸がブレないように注意★★★

3 もう片方の脚も蹴り出す

蹴り出した脚を戻しながら、もう片方の脚を蹴り出します

繰り返す

☑ POINT
リズムよく脚を蹴り出す

☑ POINT
蹴り出した脚は必ず基本ポジションに戻す

トレーニングアドバイス

脚を蹴り出すときは上体がブレないように

強い体の軸をつくることでアジリティーは向上します。重心はおへその下に置いて上体がブレないように。蹴り出す脚はつま先を正面に、必ず基本ポジションに戻します。正しい動きを心がけましょう。

chapter 5 アジリティー

STEP I
初級編 [3]

1 腕を真横に広げて立つ
脚は骨盤の幅に広げて立ち、腕は床と水平に上げ、まっすぐに立ちます

2 どちらかの脚を横に振り上げる
1の体勢から、どちらかの脚を横に振り上げます

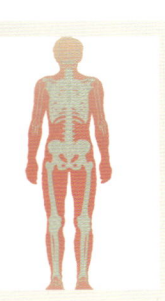

POINT 上体はまっすぐにキープ

POINT 上体がブレないようにしっかり固定

POINT 脚は骨盤の幅に

ココを鍛える! 体全体

動作別オススメ
- 走る ★★★★★
- 投げる ★★★★★
- 蹴る ★★★★★
- 跳ぶ ★★★★★
- 振る ★★★★★
- 回る ★★★★★
- 止まる ★★★★★

初級編【2】の応用で、脚を左右に振るメニューです。強い体の軸をつくるために上体を固定し、お尻とわき腹の筋肉を使っていることを意識します。野球のスイングやスローイングがスムーズに力強く行えるようになります。

一日のトレーニング目安	
アスリート	**20〜40**回 2セット
一般	**6**回 1セット

★★★ 重心は常におへその下に置く ★★★

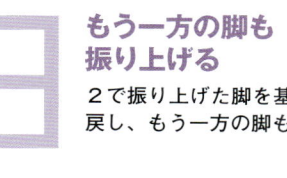

3 もう一方の脚も振り上げる

2で振り上げた脚を基本ポジションに戻し、もう一方の脚も振り上げます

☑ POINT
振り上げた脚はおへその下へ

☑ POINT
基本ポジションに脚を戻す

繰り返す

☑ POINT
リズムよく脚を振り上げる

トレーニングアドバイス

わき腹とお尻の筋肉を使うことを意識しよう

上体は常にまっすぐのまま、わき腹とお尻の筋肉を使って、脚を振り上げることを意識しましょう。脚は常におへその下に下ろすことで、しっかりとした体の軸をつくることができます。

chapter 5 アジリティー

STEP I

初級編 [4]

下半身全体

1 腕を真横に広げて立つ

脚は骨盤の幅に開き、腕は床と水平に上げ、まっすぐに立ちます

2 ヒザを曲げて、外側へ向ける

1の体勢からヒザをやや曲げ、そのヒザを外側へ。つま先はヒザと同じ方向に、脚だけを動かします

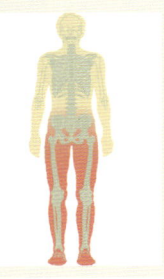

☑ POINT ヒザはやや曲げる

☑ POINT つま先はヒザと同じ方向に

☑ POINT 脚だけを動かす

ココを鍛える! 下半身全体

動作別オススメ

走る	★★★★☆
投げる	★★★☆☆
蹴る	★★★★☆
跳ぶ	★★★★☆
振る	★★★☆☆
回る	★★★★☆
止まる	★★★★☆

下半身の動きを滑らかにするために股関節、ヒザ、足首を同じ方向に動かします。ひねる動作に効果的で、方向転換や動き出しのスピードが増します。

一日のトレーニング目安	
アスリート	**10〜20**回 2セット
一般	**6**回 1セット

★★★ 上体は正面を向けたまま脚だけを動かす ★★★

3 2とは逆方向に脚を動かす

2の体勢から逆方向に脚を動かします

POINT
上半身は固定したまま

POINT
リズムよく脚だけ動かす

繰り返す

POINT
つま先はヒザと同じ方向を向ける

トレーニングアドバイス

常につま先とヒザは同じ方向へ向ける

つま先とヒザは常に同じ方向を向くように意識してください。上体はまっすぐのまま、骨盤を傾けないように注意しながら、脚だけを動かしましょう。

運動能力チェック / 柔軟性 / 体幹力 / バランス力 / アジリティー / マッサージ

chapter 5 アジリティー

STEP Ⅱ 中級編［1］

1 上体を固定し、どちらかの太ももを引き上げる

腕は真横に広げ、背すじを伸ばして立ちます。どちらかの太ももをすばやく、おへその高さまで引き上げます

☑ **POINT** まっすぐな姿勢をキープ

☑ **POINT** 太ももはおへその高さに

すばやく！

ココを鍛える！ 体全体

動作別オススメ

走る	★★★★☆
投げる	★★★☆☆
蹴る	★★★★☆
跳ぶ	★★★★☆
振る	★★★☆☆
回る	★★★★☆
止まる	★★★★☆

上体を固定して脚の上げ下げを繰り返します。この瞬間的な動きがスムーズになると、細かいステップが刻めるようになります。また強い軸がつくられるため、走行フォームが安定し、急なストップ動作にも対応できるようになります。

一日のトレーニング目安	
アスリート	10〜20回 2〜5セット
一般	6回 1セット

★★★リズミカルにすばやく脚を引き上げる★★★

2　1で上げた脚を下ろすと同時に、逆の太ももを引き上げる

1の体勢から上げた脚を下ろします。同時に逆の太ももをすばやく引き上げます

☑ POINT 顔は正面を向ける

☑ POINT 上体はブレないように

☑ POINT 太ももはおへその高さに

☑ POINT リズムよく引き上げる

すばやく！

繰り返す

トレーニングアドバイス

太ももはすばやくリズミカルに上げる

上体をしっかりと固定し、左右の太ももをすばやく、おへその高さまで引き上げることを意識してください。慣れてきたらスピードを上げましょう。

chapter 5 アジリティー

STEP II

中級編 [2]

下半身全体

1 背すじを伸ばして立つ
まっすぐな姿勢で、腕を真横に広げて立ちます

☑ **POINT** 上体を固定させる

☑ **POINT** 脚は骨盤の幅に開く

2 どちらかの脚を引き上げる
1の体勢から上体がブレないように、どちらかの脚をおへその高さまで引き上げます

☑ **POINT** 脚はおへその高さまで引き上げる

ココを鍛える！
下半身全体

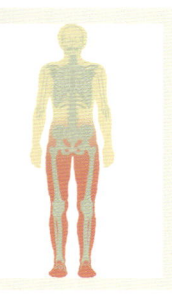

動作別オススメ
- 走る ★★★★★
- 投げる ★★★★☆
- 蹴る ★★★★☆
- 跳ぶ ★★★★☆
- 振る ★★★★☆
- 回る ★★★★☆
- 止まる ★★★★☆

上体を固定したまま左右の脚を交互にクロスさせて、体の軸を強化します。走行フォームの安定や当たり負けしない体、スムーズなターン、スイングやスローイング、キック力の向上などにつながります。

一日のトレーニング目安	
アスリート	10～30回 3セット
一般	6回 1セット

★★★上体は固定してブラさない★★★

3 脚をクロスさせ、おへその下に置く

脚をクロスさせ、おへその下に置きます

✓ POINT
脚はおへその下に置く

4 逆脚をクロスさせる

続いて逆脚をクロス。この動きを左右交互に繰り返します。慣れてきたらスピードを上げます

✓ POINT
上体は固定させる

✓ POINT
灰色の基本ポジションの中に脚を戻す

トレーニングアドバイス

クロスさせた脚はおへその下に下ろす

クロスさせるために上げた脚をおへその真下に下ろす意識を持つことで、体の軸が強化されます。上体もしっかり固定して傾かないようにしましょう。

chapter 5 アジリティー

STEP II 中級編[3]

下半身全体

1 床に十字のラインを引く
床に十字のラインを引き、横のラインの後ろに立ちます

2 走るように脚を前後に動かす
上体を固定し、ラインを踏まないように注意しながら、走るように脚を前後に動かします

☑ POINT 上体を固定する

☑ POINT ラインを踏まないように注意

☑ POINT 床に十字のラインを引く

ココを鍛える! 下半身全体

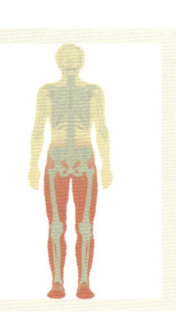

動作別オススメ
- 走る ★★★★★
- 投げる ★★★★★
- 蹴る ★★★★★
- 跳ぶ ★★★★★
- 振る ★★★★★
- 回る ★★★★★
- 止まる ★★★★★

床に十字のラインを引き、その横のラインを踏まないように、左右の脚を前後に動かしてステップを踏みます。アジリティーの能力が上がるだけでなく、ジャンプ力やストップ動作、野球やゴルフのスイング、さらにターンの質も向上します。

一日のトレーニング目安	
アスリート	10〜30回 2セット
一般	6回 1セット

★★★ラインの交差点上におへそを置く★★★

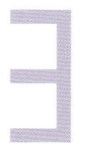

ヨ 慣れてきたらスピードを上げる

最初はゆっくり行い、慣れてきたら徐々にスピードを上げ、すばやく脚を動かしてください

☑ POINT
上体がブレないように脚を動かす

☑ POINT
おへその真下に、ラインの交差した部分が来るように

☑ POINT
リズくよく脚を交互に動かす

繰り返す

トレーニングアドバイス

おへそがラインの交差した点にくるように

脚を前後に動かす際、おへそが常にラインのクロスした部分の上にくるようにしてください。上体をしっかり固定することがポイントです。

chapter 5 アジリティー

STEP Ⅱ

中級編 [4]

1 十字のラインの外に立つ
床に十字のラインを引き、横に引いたラインの右後ろに立ちます

POINT ラインを見る

2 時計回りにジャンプしながら回る
脚をそろえたまま、ラインを踏まないように、時計回りに1周ジャンプします

POINT ラインを踏まないように

ココを鍛える！　体全体

動作別オススメ
走る	★★☆☆☆
投げる	★★☆☆☆
蹴る	★★☆☆☆
跳ぶ	★★★☆☆
振る	★★☆☆☆
回る	★★★☆☆
止まる	★★★☆☆

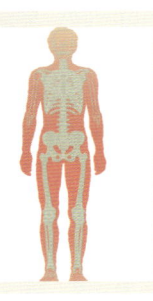

十字にラインを引き、そのラインを踏まないようにジャンプする練習です。細かく、すばやくジャンプを繰り返すことで、アジリティーの能力が高まります。

一日のトレーニング目安	
アスリート	時計、反時計回り**3**周 2～3セット
一般	時計、反時計回り**1**周 1セット

★★★ラインを踏まないように跳びきる★★★

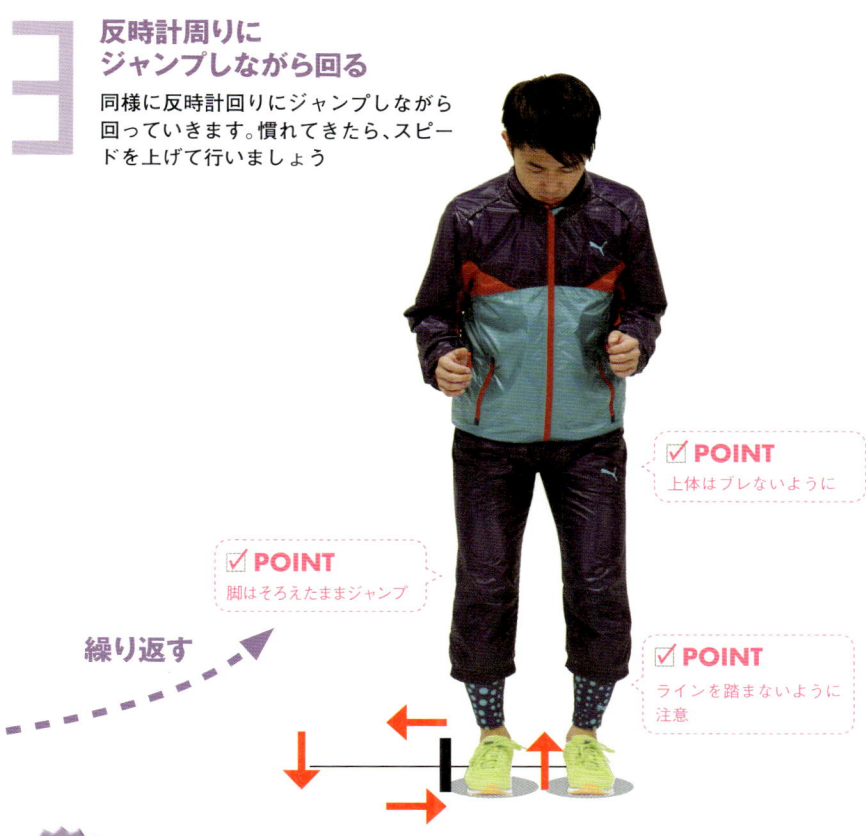

3 反時計周りに ジャンプしながら回る

同様に反時計回りにジャンプしながら回っていきます。慣れてきたら、スピードを上げて行いましょう

POINT
上体はブレないように

POINT
脚はそろえたままジャンプ

繰り返す

POINT
ラインを踏まないように注意

トレーニングアドバイス

ラインを踏まないようにしっかり跳ぼう

上体がブレないように注意しながら、ラインを踏まずに1回1回のジャンプをしっかり跳びましょう。どんどんスピードアップしても、この動作がスムーズにいくようにしっかり練習してください。

運動能力チェック / 柔軟性 / 体幹力 / バランス力 / アジリティー / マッサージ

chapter 5 アジリティー

STEP Ⅲ 上級編 [1]

1 腕立て伏せの体勢をとる

腕は肩幅、脚は骨盤の幅に開き、腕立て伏せのポーズをとります。骨盤はしっかり安定させます

☑ **POINT** 骨盤を安定させる

☑ **POINT** 手は肩の真下に置く

2 片方の脚を引き上げる

1の体勢から、片方の脚をすばやく引き上げます。このとき、つま先は床から浮かせます

☑ **POINT** 息を吐くと同時に脚を引きつける

☑ **POINT** 脚はすばやく引き上げる

☑ **POINT** 脚を引き上げると同時に、おなかの筋肉を縮める

ココを鍛える！
体全体

動作別オススメ
走る ★★★★☆
投げる ★★★☆☆
蹴る ★★★★☆
跳ぶ ★★★★☆
振る ★★★☆☆
回る ★★★★☆
止まる ★★★★☆

腕立て伏せの体勢から、連続して太ももをスピーディーに引き上げることで、アジリティーを高めます。走力強化にうってつけのトレーニング、腸腰筋を使って太ももを引き上げ、おなかと背中の筋肉で骨盤を安定させます。この状態で脚を引き上げる動きを身につけ、走りの安定感や瞬発力を磨きます。

一日のトレーニング目安	
アスリート	10〜20回 3セット
一般	4回 1セット

★★★ 骨盤を安定させ、おなかの筋肉を固める ★★★

3 逆脚を引き上げる

2の体勢から脚を元の位置に戻すと同時に、逆脚をすばやく引き上げます

☑ POINT 骨盤はしっかり安定

☑ POINT リズムよく引き上げる

☑ POINT つま先は浮かせる

☑ POINT 瞬間的におなかの筋肉を固める

繰り返す

トレーニングアドバイス

脚を引き上げる際の3つのポイント

脚を引き上げる際は、①骨盤が傾かないように安定させた状態で、②おなかの筋肉を固めます。そのとき、③つま先を床から浮かせるようにしましょう。以上、3つのポイントを守ってください。

運動能力チェック / 柔軟性 / 体幹力 / バランス力 / アジリティー / マッサージ

chapter 5 アジリティー

STEP Ⅲ 上級編 [2]

1 つま先を浮かせて、かかとを基点に体の向きを変える

上体を固定し、つま先を浮かせます。かかとを基点に体を進みたい方向に向けます

✓ POINT
上体はまっすぐ、しっかり固定

✓ POINT
スネとふくらはぎの筋肉を使って、つま先を浮かせる

✓ POINT
つま先とヒザは同じ方向

ココを鍛える!
体全体

動作別オススメ
- 走る ★★★☆☆
- 投げる ★★☆☆☆
- 蹴る ★★☆☆☆
- 跳ぶ ★★★☆☆
- 振る ★★☆☆☆
- 回る ★★★☆☆
- 止まる ★★★☆☆

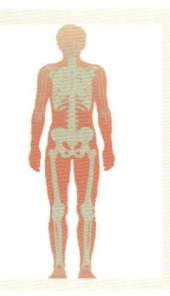

164

スネとふくらはぎの筋肉を使って、つま先とかかとの上げ下げを繰り返しながら、左右に動いていくメニューです。太もも前部の筋肉を有効に動かすことができるため、急な方向転換への対応や、動き出しの一歩目のスピードが向上します。

一日のトレーニング目安	
アスリート	10〜20ステップ 2〜3セット
一般	4ステップ 1セット

★★★ヒザとつま先は常に同方向に★★★

2 かかとを浮かせ、つま先を基点に体の向きを変える

次にかかとを浮かせて、つま先を基点に体を進みたい方向へと向けます

POINT リズムよく脚を動かす

繰り返し、ある程度の距離を移動したら逆方向へ

POINT スネとふくらはぎの筋肉を使って、かかとを浮かせる

トレーニングアドバイス

つま先とヒザは常に同じ方向を向ける

つま先とヒザを同じ方向に向けることを意識しましょう。スネとふくらはぎの筋肉を使って、つま先とかかとの上げ下げを繰り返してください。

運動能力チェック / 柔軟性 / 体幹力 / バランス力 / アジリティー / マッサージ

chapter 5 アジリティー

STEP Ⅲ
上級編 [3]

1 腕を真横に広げ、背すじを伸ばして立つ

腕を床と水平に広げた状態で、背すじをまっすぐに伸ばし、上体を固定します

☑ **POINT** 上体はしっかり固定

☑ **POINT** 腕は真横に広げる

☑ **POINT** 脚は骨盤の幅に

ココを鍛える！
体全体

動作別オススメ
走る ★★★★★
投げる ★★★★★
蹴る ★★★★★
跳ぶ ★★★★★
振る ★★★★★
回る ★★★★★
止まる ★★★★★

上体を固定した体勢で、脚だけを細かく左右にひねるメニューです。ひねる動作やターンに向上が見られるだけでなく、軸が安定するため、スローイングやスイング、キック、ジャンプの能力も高まります。

一日のトレーニング目安	
アスリート	10〜30回 3セット
一般	6回 1セット

★★★脚だけをリズミカルに動かす★★★

2 ヒザを曲げて、すばやく脚を外側にひねる

1の体勢からヒザをやや曲げて、脚を左右交互にすばやく外側にひねります。脚だけを動かし、上体は固定します

Another Angle

繰り返す

POINT 腕はブレない

POINT 上体は固定

POINT リズミカルに、脚だけを動かす

POINT ヒザとつま先は同じ方向を向ける

POINT 基本ポジションから脚がはみ出さないように

トレーニングアドバイス

脚は基本ポジションからはみ出さない

ねじる際、上体はしっかりと固定し、正面を向けたまま脚だけを動かします。また写真のように、両足がスタートポジションの位置からはみ出さないように意識することで、体の軸が強化されます。

運動能力チェック | 柔軟性 | 体幹力 | バランス力 | アジリティー | マッサージ

chapter 5 アジリティー

STEP Ⅲ

上級編[4]

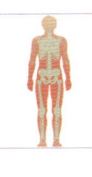

ココを鍛える！ 体全体

一日のトレーニング目安	
アスリート	10〜30回 2〜5セット
一般	4回 1セット

上体を固定し脚だけ浮かせて、わき腹の筋肉や腸腰筋、大腿四頭筋を強化します。足裏を床に強く押しつけたまま太ももを引き上げる動作を繰り返すことで、ストップからの動き出しやターンのスピードが向上します。

★★★ 上体を固定して、脚だけ浮かせる ★★★

1 脚を開いて腰を落とす　← - → 繰り返す
上体を固定し、手は腰に添えます。脚は大きく開き、腰を落としてください

2 脚だけを浮かせて、その後、脚を床に押しつける
1の体勢から脚だけを浮かせます。このとき上体がブレないように注意します。床に足裏を叩きつけるように、脚を下ろします

✓ POINT 上体はしっかりと固定する

✓ POINT 上体は動かさない

✓ POINT 床に叩きつけるように脚を下ろす

✓ POINT 脚だけを浮かせる

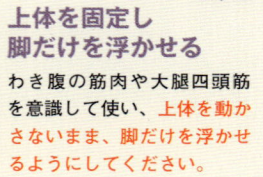

トレーニングアドバイス
上体を固定し脚だけを浮かせる
わき腹の筋肉や大腿四頭筋を意識して使い、上体を動かさないまま、脚だけを浮かせるようにしてください。

動作別オススメ
走る	★★★★☆
投げる	★★★★☆
蹴る	★★★★☆
跳ぶ	★★★★☆
振る	★★★★☆
回る	★★★★☆
止まる	★★★★☆

SPORTS PERFORMANCE UP METHOD

chapter 6

KOBA式 マッサージ

※DVDには未収録です

chapter 6 マッサージ

マッサージ 1

太ももの横
大腿筋膜張筋（お尻から太もも横にかけての筋肉）

手根で円を描きながら揉む

手根（手の平の手首に近い盛り上がった部分）で円を描くように揉んでいきます。ストップやターン動作を多くこなしたあとに行うと効果的です。

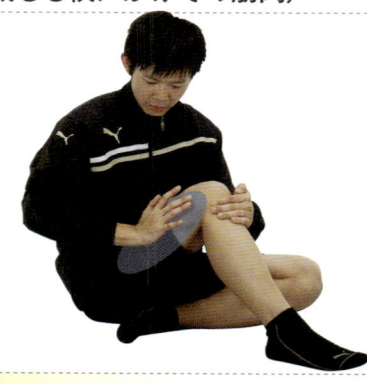

マッサージ 2

太ももの内側
内転筋

疲労のたまりやすいヒザの内側を入念に

こちらも手根で揉んでいきます。ジャンプ動作を行ったあとは、特にヒザの内側に疲労が溜まるので、入念に行いましょう。

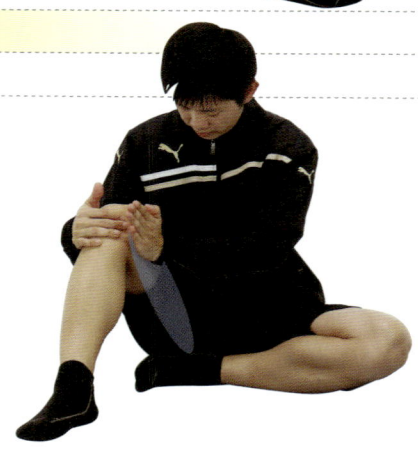

マッサージ 3

太ももの前
大腿四頭筋

キックやストップ動作をこなしたあとに

手根でほぐしていきます。キックやストップ、ジャンプなどの動作を行う際によく使う筋肉です。これらを多く行ったときは、特にケアしてください。

マッサージ 4

太ももの裏
ハムストリングス

拳で叩いて血流を促す

拳で叩きながら、太ももの裏全体をほぐします。ランニングやダッシュなど走る動作を行った際に特に、硬くなりやすい箇所なので、しっかり叩いて血流を促してください。

マッサージ 5

ふくらはぎ裏①
ヒフク筋

親指で入念に押しほぐす

前方へ動く、ジャンプするなど、どのような動きでも常に動く筋肉なので、疲れが溜まりやすい箇所です。入念に両手の親指で押しながら、ほぐしていきましょう。

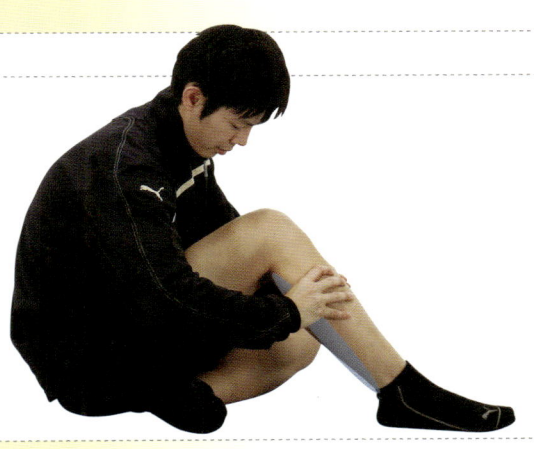

マッサージ 6

ふくらはぎ横
ヒコツ筋

手根で揉むことで捻挫を防止

アジリティー系の練習を行ったあとに張りやすく、疲れが溜まると足首の捻挫を誘発する箇所です。手根を使って、上下によく揉んでください。

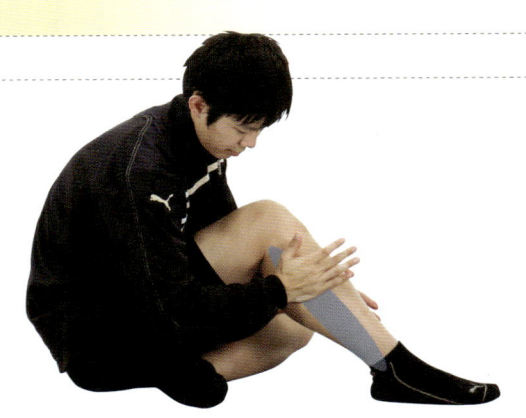

運動能力チェック | 柔軟性 | 体幹力 | バランス力 | アジリティー | マッサージ

chapter **6** マッサージ

マッサージ 7
スネ
前脛骨筋

転倒防止のために
入念に拳で叩く

拳で上下に叩いていきます。ここが硬いとバランスを欠いて、転倒や、つまずくことが増えます。血流をよくするために入念に叩いて、ほぐしましょう。

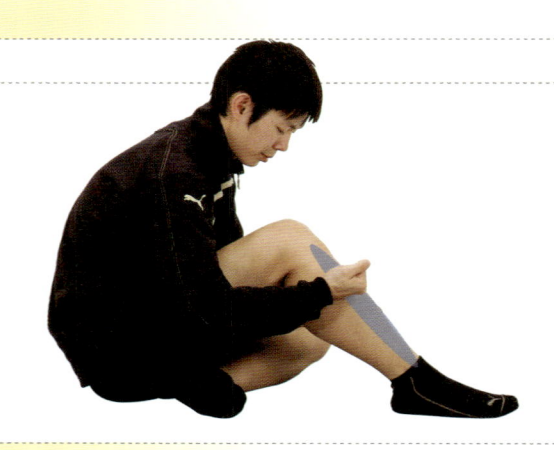

マッサージ 8
ふくらはぎ裏②
ヒラメ筋

足首のスムーズな動きを
維持するために不可欠

この筋肉が硬いと足首がスムーズに動かなくなったり、走る動作に影響が出ます。親指で丁寧に押して、ほぐしていってください。

Another Angle

マッサージ 9
足裏
足底筋膜

指圧で毎日
しっかりケアを

どんなスポーツでも足裏は酷使します。特に足底筋膜が足底縦アーチ(土踏まず)を保持することで足裏にかかる衝撃を吸収していますが、負担がかかりすぎると足底腱膜炎(かかと付近の痛み)が起きて、多くの動作やプレーに支障が出ます。疲労回復とケガ予防のために、指圧でマッサージしてください。

おわりに

みなさん、今回のトレーニングはいかがでしたでしょうか？

無理をせずに、毎日継続的に取り組んでください。
そうすれば、必ず体に変化がおき、成果が出てきます。

このKOBA式によって、自分自身の最高のパフォーマンスが発揮され、アスリートとしての価値をより一層高めてもらえれば嬉しいです。

最後になりましたが、モデル役を務めてくれた中島孝選手、林由香里さん、いつもドクターの視点から適切なアドバイスをしてくださる行徳中央クリニックの佐藤秀樹先生をはじめ、制作スタッフの皆様に心からお礼を申し上げます。

プロフィール

木場克己 Katsumi Koba

有限会社コバメディカルジャパン代表取締役
株式会社アスリートウェーブ代表
日本体育協会公認アスレティックトレーナー
長友佑都パーソナルトレーナー
TTC（トータルセラピストコミュニティ）代表理事
柔道整復師 鍼灸師 健康運動指導士

1965年、鹿児島県出身。1995年から2002年までＦＣ東京のヘッドトレーナーを務めるかたわら、都内6店舗にて「気軽にいける治療院」をコンセプトに、子どものケガから年配の方の介護的治療とリハビリ、スポーツ愛好家からトップアスリートの治療及びコンディショニングトレーニングの指導を行う。これまで診察したトップアスリートは多岐にわたり、現在は長友佑都選手（インテル）や土肥洋一選手（東京ヴェルディ）、福西崇史氏などをはじめ、著名人の個人トレーナーとしても活躍中。2011年より、サンフレッチェ広島ＦＣユースのコンディショニングアドバイザーを務める。「体幹バランスメソッド」（小社刊）「体幹力を上げるコアトレーニング」（成美堂出版）など著書多数。

店舗紹介

コバメディカルジャパン
http://www.koba-japan.jp/

こば鍼灸接骨院
〒135-0003　東京都江東区猿江2-12-9
TEL　03-3635-5105

KOBA☆東京ベイ整骨院
〒134-0083　東京都江戸川区中葛西5-14-8
TEL　03-5674-6646

TIP ココカラ整骨院 新小岩店
〒124-0025　東京都葛飾区西新小岩1-2-1
TIPNESS 新小岩店内3F
TEL　03-5654-3531(TIPNESS新小岩店 代表)

TIP ココカラ整骨院 綾瀬店
〒120-0005　東京都足立区綾瀬3-14-16
TIPNESS 綾瀬店3F
TEL　03-5673-5771(TIPNESS綾瀬店 代表)

KOBA RESORT
〒135-0002
東京都江東区住吉2-5-10 早川ビル4F
TEL　03-3634-1840(完全予約制)

アスリートウェーブ　西東京整骨院・西東京鍼灸院
http://athlete-wave.com/
〒187-0021　東京都小平市上水南町2-15-7
エバーグレース1F
TEL　042-312-2291

モデル紹介

中島孝 Takashi Nakajima
（プロフットサル選手）

1982年1月11日、静岡県出身。Fリーグ（フットサル）・バルドラール浦安所属。アラやピヴォなど攻撃的なポジションを務め、チームの要として活躍中。中島孝選手オフィシャルブログhttp://ameblo.jp/nakajima-7/
RAM SPORTS所属

北村英志 Eiji Kitamura
（有限会社コバメディカルジャパン 統括）

Yukari Hayashi **林由香里**

長崎県出身。東京モーターショーをはじめ、展示会でモデルを多数務めている。株式会社オスカーインターナショナルエージェンシー所属

書籍内で紹介したチューブトレーニングのチューブはこちらで購入いただけます

元日本代表　福西崇史さんオススメ！
運動不足を、豊富なトレーニング方法で解消！
木場さんが開発したチューブ

シェイプリング・アスリート
（紫：育成用　青：アスリート用　ピンク：女性用）

■監修・指導：木場克己（サンフレッチェ広島FCユースコンディショニングアドバイザー、日体協公認アスレティックトレーナー）
■サイズ：円周70×10cm（リング状）
■強　度：紫（育成用）　ミディアム
　　　　　　　小学生のお子様から使える強度です。
　　　　　：青（アスリート用）　ヘビー
　　　　　　　中学3年生以降から使える強度です。
　　　　　：ピンク（女性用）　ソフト
■トレーニング解説書付

　シェイプリングは「安全」「お手軽」「無理なくできる」「関節に負担がかからない」というメリットがあります。
重たいダンベルやマシントレーニングとは違い、筋肉そのものに負荷をかけます。筋力をアップするよりも、本来持っている体のバランスや、マシンなどでは鍛えにくいインナーマッスルを鍛えることが可能です。
　また、シェイプリングの最大の特長は自分で負荷を調整できるので、自分に合ったトレーニングができるということです。一本のチューブを結ぶことなく簡単に装着でき、コンパクトで持ち運びにも便利。時間のあるときに、さっと取り出し自分だけのトレーナーに変身します。
　現在、サッカー日本代表選手、ジュニアユースチーム、高校サッカー部、プロ野球チームでも採用されています。

ご購入先

コバメディカルジャパン
オンラインショップ（全種類取扱）
http://cart04.lolipop.jp/LA06927438/

ジュニアサッカーを応援しよう！
オンラインショップ
（育成用、アスリート用のみ）
http://jr-soccer.jp/index.html

チューブを使う事のメリット

★通常の半分の時間で準備運動ができる！
　・試合前のウォーミングアップの時間が短縮できる！

★関節に余計な負担がかからず、成長を妨げない！

★チューブは準備運動としてもトレーニングとしても使える！

★疲労しにくい体を作る！

★いつでもどこでも手軽に運動！

※ご注意※
・ご使用の前に、解説書を必ずお読みいただき、正しくお使いください。また、同時に2人以上でのトレーニングは絶対にしないでください。
・ご使用の際、製品に切れ目などがないか、必ず状態の確認をお願いします。
・バンドにはくっつき防止の為の粉がまぶしてあります。服等に付着することがありますので、ご使用の際は、水洗いまたは濡れた布で拭き取ってご使用ください。
・この製品はラテックス製（天然ゴム製）です。人によってはアレルギー反応を生じる場合があり、体質によっては、かゆみ・かぶれ・発疹等を起こすことがあります。異常を感じたらご使用を中止し、医師にご相談ください。
・よほどの事をしない限り、チューブは切れる事はありませんが、スパイクなどで強く引っ掛けてしまうとチューブが切れてしまう事があります。

木場さんの『スポーツ運動塾』絶賛連載中！
・・・・ジュニアサッカーを応援しよう！・・・・

定価：1,280円（税込）
季刊誌（3月、6月、9月、12月／6日発売）
全国主要書店で発売中！

ジュニア（幼児・小学生・中学生）
サッカーをサポートするコーチ、
パパやママのための
日本初少年サッカー専門マガジン

【 ジュニアサッカーにかかわる
すべての人たちへ 】

指導に活かせる最新のトレーニングやクラブ情報、サッカーキッズの疑問や悩みを解決していくための情報満載。子どもたちのプレーに一喜一憂する保護者の情報交換の場でもあるジュニアサッカーの総合サポート誌です。

連載企画
トレーナーKOBAの『スポーツ運動塾』

ジュニア年代の子どもを対象に、パスが上達する・腰痛対策など、毎回様々なテーマを設定し、そのテーマにそったストレッチや体幹トレーニングをご紹介しています。横浜FCのチームドクターでもある佐藤秀樹先生によるアドバイスも掲載。ケガ予防やパフォーマンスアップにつながると、読者からも好評を博しています。

大好評発売中！　目指せ、理想のカラダ
・・・・『体幹バランスメソッド』・・・・

定価：1,680円（税込）
DVD付き

長友佑都のパーソナルトレーナーが
一挙大公開！
ダイエット対策、メタボ対策、
アスリートの体づくり対策に

昨今、たくさんの雑誌に体幹トレーニング方法が掲載されています。いきなり体幹トレーニングからはじめようと思っている皆さん。それが、どれだけ体に負担がかかっているか知っていますか？
いきなり体幹トレーニングを行うと、腰痛をはじめケガにつながります。

本書は男女、年齢問わず、初級編、中級編、上級編、プロアスリート編とレベルに応じたトレーニングを完全収録。ケガをしないためのストレッチからスタートし、体幹トレーニングを行う構成に。さらに鍛えたい人向けにチューブを利用したトレーニングも紹介。今日から体幹を同時に鍛えて、引き締まった理想のカラダを手に入れましょう！

プロトレーナー木場克己の 体幹パフォーマンスアップメソッド

著者	………………………	木場 克己
編集	………………………	株式会社レッカ社
		滝川 昂(『ジュニアサッカーを応援しよう！』編集長)
構成・文	…………………	三谷 悠
デザイン	…………………	寒水 久美子
写真	………………………	松岡 健三郎
イラスト	…………………	長岡 真理子(アイリス・アイリス)、伊藤 さちこ
DTPオペレーション	……	森脇 隆、清川 英樹(Design-Office OURS)
DVD撮影・編集	…………	中丸 陽一郎、武内 秀文
DVDオーサリング		
マネージメント	……………	株式会社ピコハウス
モデル	……………………	中島 孝(バルドラール浦安)、林 由香里、北村 英志
モデル協力	………………	株式会社RAM SPORTS、株式会社オスカーインターナショナルエージェンシー
		有限会社コバメディカルジャパン
ヘア&メイク	……………	関谷 美世(株式会社ビーサイド)
衣装・撮影協力	……………	ブーマジャパン株式会社、有限会社アドフォーカス、行徳中央クリニック

発行日		2012年5月11日 初版
著者		木場 克己
発行人		坪井 義哉
発行所		株式会社カンゼン
		〒101-0021
		東京都千代田区外神田2-7-1 開花ビル4F
		TEL 03(5295)7723
		FAX 03(5295)7725
		http://www.kanzen.jp/
		郵便振替 00150-7-130339
印刷・製本		株式会社シナノ

万一、落丁、乱丁などがありましたら、お取り替え致します。
本書の写真、記事、データの無断転載、複写、放映は、著作権の侵害となり、禁じております。

ISBN 978-4-86255-129-0
Printed in Japan
定価はカバーに表示してあります。

©Katsumi Koba 2012
©RECCA SHA 2012
本書に関するご意見、ご感想に関しましては、kanso@kanzen.jpまでEメールにてお寄せ下さい。お待ちしております。